# 活出自己

## 宗庆后的开拓精神与人生本色

润　商○著

团结出版社
UNITY PRESS

**图书在版编目（CIP）数据**

活出自己 / 润商著 . -- 北京 : 团结出版社 , 2025.

2. -- ISBN 978-7-5234-1013-4

Ⅰ . F426.82-49

中国国家版本馆 CIP 数据核字第 202436HC10 号

---

出　　版：团结出版社

　　　　　（北京市东城区东皇城根南街84号　　邮编：100006）

电　　话：（010）65228880　65244790

网　　址：http://www.tjpress.com

E-mail：zb65244790@vip.163.com

经　　销：全国新华书店

印　　装：三河市华东印刷有限公司

---

开　　本：140mm×210mm　　32开

印　　张：8.25

字　　数：220千字

版　　次：2025年2月第1版

印　　次：2025年2月第1次印刷

---

书　　号：ISBN978-7-5234-1013-4

定　　价：59.00元

## 为标杆企业立传塑魂

在我们一生中，总会遇到那么一个人，用自己的智慧之光、精神之光，点亮我们的人生之路。

我从事企业传记写作、出版15年，采访过几百位企业家，每次访谈我通常会问两个问题："你受谁的影响最大？哪本书令你受益匪浅？"

绝大多数企业家给出的答案，都是某个著名企业家或企业传记作品令他终身受益，改变命运。

商业改变世界，传记启迪人生。可以说，企业家都深受前辈企业家传记的影响，他们以偶像为标杆，完成自我认知、自我突破、自我进化，在对标中寻找坐标，在蜕变中加速成长。

人们常说，选择比努力更重要，而选择正确与否取决于认知。决定人生命运的关键选择就那么几次，大多数人不具备做出关键抉择的正确认知，然后要花很多年为当初的错误决定买单。对于创业者、管理者来说，阅读成功企业家传记是形成方法论、构建学习力、完成认知跃迁的最佳途径，且越早越好。

无论个人还是企业，不同的个体、组织有不同的基因和命运。对于个人来说，要有思想、灵魂，才能活得明白，获得成功。对于企业而言，要有愿景、使命、正确的价值观，才能做大做强，基业长青。

世间万物，皆有"灵魂"。每个企业诞生时都有初心和梦想，但发展壮大以后就容易被忽视。

企业的灵魂人物是创始人，他给企业创造的最大财富是企业家精神。

管理的核心是管理愿景、使命、价值观，我们通常概括为企业文化。

有远见的企业家重视"灵魂"，其中效率最高、成本最低的方式是写作企业家传记和企业史。企业家传记可以重塑企业家精神，企业史可以提炼企业文化。以史为鉴，回顾和总结历史，是为了创造新的历史。

"立德、立功、立言"，这是儒家的追求，也是人生大道。

在过去10余年间，我所创办的润商文化秉承"以史明道，以道润商"的使命，会聚一大批专家学者、财经作家、媒体精英，专注于企业传记定制出版和传播服务，为标杆企业立传塑魂。我们为华润、招商局、通用技术、美的、阿里巴巴、用友、卓尔、光威等数十家著名企业提供企业史、企业家传记的创作与出版定制服务。我们还策划出版了全球商业史系列、世界财富家族系列、中国著名企业家传记系列等100多部具有影响力的图书作品，畅销中国（含港澳台地区）及日本、韩国等海外市场，堪称最了解中国本土企业实践和理论体系、精神文化的知识服务机构之一。

出于重塑企业家精神、构建商业文明的专业精神和时代使命，2019年初，润商文化与团结出版社、曙光书阁强强联手，共同启动中国标杆企业和优秀企业家的学术研究和出版工程。6年来，为了持续打造高标准、高品质的精品图书，我们邀请业内知名财经作家组建创作团队，进行专题研究和写作，陆续出版了任正非、段永平、马云、雷军、董明珠、王兴、王卫、杜国楹等著名企业家的30多部传记、经管类图书，面世以后深受读者欢迎，一版再版。

今后，我们将继续推出一大批代表新技术、新产业、新业态和新模式的标杆企业的传记作品，通过对创业、发展与转型路径的叙述、梳理与总结，为读者拆解企业家的成事密码，提供精神养分与奋斗能量。当然，我们还会聚焦更多优秀企业家，为企业家立言，为企业立命，为中国商业立标杆。

一直以来，我们致力于为有思想的企业提升价值，为有价值的企业传播思想。作为中国商业的观察者、记录者、传播者，我们将聚焦于更多标杆企业、行业龙头、区域领导品牌、高成长型创新公司等有价值的企业，重塑企业家精神，传播企业品牌价值，推动中国商业进步。

通过对标杆企业和优秀企业家的研究创作和出版工程，我们意在为更多企业家、创业者、管理者提供前行的智慧和力量，为读者在喧嚣浮华的时代打开一扇希望之窗：

在这个美好时代，每个人都可以通过奋斗和努力，成为想成为的那个自己。

企业史作家、企业家传记策划人、主编

# 推荐序

## 把成功与失败进行淋漓尽致的总结

  在总结任正非成功经验的时候，人们发现了这四句话：行万里路，读万卷书，与万人谈，做一件事。所谓"与万人谈"，就是任正非阅读大量世界上成功企业的发展历史的书籍。他一有机会就与这些企业的董事长、总经理当面进行交流请教，并把这些企业成功的经验用于华为的运营，这就使得华为也成为一个成功的企业。

  在过去的十余年间，润商文化长期致力于系统研究中外成功的企业家，会集了一大批专业人士创作关于成功企业家的传记——著名企业家传记丛书。这是一件非常有意义的事情，这让"与万人谈"成为一件很容易的事。同时，这使得大家都能够从中了解到——这些企业家为什么成功，自己能从中学到什么。

  因此，我觉得润商文化的这项工作是功德无量的。这些成功的企业家，就是中国经济史上一个个值得称颂的榜样。

湖北省统计局原副局长

民进中央特约研究员

叶青

# 序 言

生活是什么？维克多·雨果说："生活就是知道自己的价值、自己所能做到的与自己所应该做到的。"这句平淡朴实的话语包含至为深刻的哲理，只是世间少有人能践行。芸芸众生大多忙忙碌碌，或追逐于塑造别人眼中的自己，或迷茫于模仿自己眼中的别人，唯独忘记如何探寻生活的本质。

宗庆后却不同，他印证了人生之路自有真谛可循，那就是活出自己。

宗庆后是"娃哈哈之父"，是1984创业浪潮中走出的初代企业家，也是中国商界的传奇人物。他获得过种种荣誉头衔，也拥有令人艳羡的财富，但无论是在绍兴农场的茶园里，还是在斯德哥尔摩的法庭上，他都更愿意做自己。

宗庆后的故事，萌芽于艰难岁月里的埋头耕作，起步于负债压力的追梦征途，得益于企业管理中的决断与开明，成就于激烈市场竞争中的智勇双全，盛放于困境中永不停歇的砥砺前行。他用独特的人生经历，诠释了何为真正的企业家精神，何为活出自己的价值。

宗庆后深信自己与国家的紧密联系。无论是在开垦滩涂，还是在蹬三轮，抑或是在经营估值千亿的企业集团，他始终在以不同的方式表达爱国的热忱，也借助一片赤子之心来将这些事做得更好。他深知，个人与国家的命运无法分割，个人的努力只有融入社会发展的过程中，才能被认可，才能实现目标。在农村的十五年知青岁月，他挥汗如雨，用勤劳的双手为农场增添了一片片绿色的希望；回城务工，蹬三轮的岁月里，他风雨无阻，以坚韧的意志为生活奔波，同时也见证着时代转折变化的光荣历程；经营"娃哈哈"时，他已人到中年，凭借对政府、社会和人民的感恩情怀，将生命的后半段全部交付给了企业家的责任。他坚持以中国市场为核心，强调实体经济是国民经济的基础，他提倡企业家应具备国际视野，注重参与国际合作与竞争，他更是通过特色企业文化的建设和传承，培养员工的爱国情感和社会责任。

"不要看一个人怎样说，而要看一个人怎样做"，宗庆后的拳拳爱国之心，早已超越了言语和文字表达的形式，汇聚在其奋斗历程中。无论他的个人成就，还是他的社会活动和公共言论，都是对企业家爱国精神的最好诠释。

宗庆后深信自己能不断缔造新价值。正如经济学家熊彼特所言，创新是企业家精神的核心。在中国，改革开放的历史同时也是企业家创新精神的激活史，以宗庆后为代表的大批企业家锐意进取、不断探索，通过不同领域的创新，为创造就业岗位、促进经济发展作出了重要贡献。他们之所以能做到，在于非凡的勇气、坚韧的毅力和超群的智慧。而宗庆后的创新故事，则是无数中国企业家奋斗历程的缩影。

改革开放大潮初兴，宗庆后敢于挑战传统，勇于尝试新事物，不断突破自我上限，以营养液这一创新产品，取代了花粉口服液；以自产自销的经营模式，取代了代加工；以民族品牌"娃哈哈"，取代了默默无闻的校办工厂。宗庆后并不奢谈颠覆，而是始终发挥个人的引领作用，致力于推动产品和企业的每一步革新，通过量变的沉淀，实现质的嬗变与飞跃。

宗庆后对创新的追求，既体现在产品研发上，也体现在市场开拓上，更贯穿于企业经营管理的方方面面。他不盲目迷信舶来学说，而是以本土化思维强化与经销商的合作，提高了市场渗透率。他以深入民众心智的广告宣传方式，将品牌影响力散播到千家万户。他用与员工切身相关的分配方式，借助股权的力量均摊利益，再借助团队和组织的拥护推行开明集权的企业治理结构，最终形成了独具特色的娃哈哈管理体系和企业精神……点滴创新，无处不在，使品牌和企业在激烈的市场竞争中始终保持领先地位。

宗庆后将诚信视为"自己所能做到的"。诚信是我们民族的优良传统，也是企业家精神的基本道德。从娃哈哈崛起的年代至今，总有一些企业经营者漠视诚信底线，不仅为企业招来横祸，也危及合作者、消费者的切身利益。然而，纵观宗庆后一生，他向员工、经销商乃至达能这样的合作伙伴所作出的利益承诺，无不加以兑现。即便这种兑现需要付出艰难的努力，需要在自己应得的份额中有所割舍牺牲，宗庆后也在所不惜。从早期娃哈哈美食城的坚持分红，到创建"联销体"时向经销商不断付出的押金利息，再到娃哈哈纯净水食品标签上精确的596毫升数值，无不在向人们展示他的诚信道德观。

宗庆后深知，诚信不仅是对他人的承诺，更是对自己内心的交代。在他的带领下，娃哈哈始终坚守着诚信经营的底线，用实际行动诠释着企业家的责任与担当。这种精神不仅激励着娃哈哈的每一位员工，也深深感染着娃哈哈的合作伙伴。

宗庆后是企业家，是商人，赢利是他必须不断追求的职业目标。但正是对诚信原则的信奉，使娃哈哈能不断追求品牌价值的提升，获得了从政府到消费者的长久信赖。而这也是宗庆后能在风高浪急的时代潮头始终屹立的重要原因。

宗庆后将社会责任看成"自己应该做到的"。企业家的社会责任根植于中国传统文化，身处现代社会，越来越多的企业家也意识到不能仅以财富增长为目标，更要寻求股东、员工、顾客和社会的最大价值平衡点。宗庆后就是其中的优秀代表。

宗庆后坚持不随意辞退员工，尤其是 45 岁以上的员工。他强调，企业应该关心员工的利益，确保他们没有后顾之忧。多年来，他领导的娃哈哈集团在薪资和福利方面给予了员工充分保障，兴建员工宿舍、保障房和廉租房，甚至在城市黄金地段建设廉租房，让员工免除房贷的压力，也激发了员工的积极性和创造力。当企业业绩增长时，宗庆后还会向全体员工发放额外奖励，以表彰和感谢他们的努力与贡献，这也让员工和企业的联系更加紧密……

宗庆后没有将履行社会责任看成对企业门面的装点，而是将创造就业岗位、关爱员工利益作为个人职责去履行。不仅如此，每当国家和社会遇到自然灾害和公共危机时，他也总是积极捐款捐物，而日常对教育事业和公共慈善事业的支持，也充分体现了企业家为国为民的情怀所系。正是这些做法，让宗庆后赢得了员工的尊敬和爱戴，也赢得了生前身后全社会的美誉。

从人生角度而言，宗庆后之所以应该被视为成功的楷模，不在于其个人财富和社会贡献的多少，而是将实现自我的过程与商业事业的成功结合起来并显得格外璀璨。他用一生的活法，向我们展示出原本平凡者在做出生活选择时的更好可能。他的故事从始至终传递出不言自明的真理：无论你站在怎样的起点上，只有鼓起勇气，坚持内心信念，每天都为实现自己的价值而活，才能赋予生活以意义，赋予工作以快乐，才能面对纷纭变化的外部世界而毫不动摇。

# 目  录

## 第十章　努力无止境，晚年再启程

## 第十一章　一生诠释，优秀企业家精神

## 附录

第一章

# 年少困境，砥砺向前行

　　命运将重任推到面前时，他并无逃脱之路，只能接受一次又一次的锻炼洗礼，并努力做到最好。正如他后来所说，"人生的最大区别就是你是否还有勇气继续闷头走下去"，走下去，从此成为宗庆后的人生信念。

## 1945，宗家长子

企业与城市的命运，冥冥中总有几分注定的关联。城市能承载和滋养企业，助力其走向不凡，而企业也会以独特的方式回馈并塑造城市。这段双向奔赴的缘分，一旦跨越时间鸿沟，便可书写繁花似锦的传奇。

娃哈哈和杭州便是如此。

钱塘江侧，西子湖畔，杭州自古以来便是"东南第一州"，坐拥千年商业文明底蕴。从20世纪90年代开始，娃哈哈生于斯，长于斯，从上城区的一家普通校办工厂，迎风飞翔，逆风拼搏，终成数千亿元估值的集团企业，成为当代浙商的杰出代表。创始人宗庆后先生，也常被看作土生土长的杭州人。

其实，宗庆后出生于江苏徐州。

1945年10月，放眼神州，满目凋敝，所幸兵火在缓缓熄灭。两个月前，苦难深重的中华民族终于走出噩梦般的十四年。日本人被赶走了，"庆祝光复"的口号声在小城此起彼伏，让民众颇为激动了一阵，但最终也仅仅是一阵激动而已。人们很快意识到，时代看起来变了，实际上什么也没有变。

身处宿迁县城的宗启騄，对此深有感触。他是北宋名将宗泽[1]的嫡传三十一代孙。当年，宗泽马革裹尸，亲属扶柩南归，一支血脉回到义乌，另一支则留在江阴，宗启騄就出自后者。

时迁世易，宗家重文尚武的家风并未改变。清朝末年，宗启騄的祖父在四川担任过步兵统领，民国初兴，其父宗继先投入东北王张作霖幕府，颇受重用，曾主管过财政税赋。1928年，皇姑屯黑烟尽散，宗继先心灰意懒，回南京做了寓公，家境渐渐困顿。好在儿子宗启騄勤奋努力，考入北平的中国大学[2]化学系。

在学校，宗启騄与一位王姓同学很要好。王同学是满族镶黄旗人，父母双亡，只有小妹就读高中。毕业前，王同学见宗启騄人品可靠，才学颇佳，便将小妹许配给了宗启騄。这位叫王树珍的传统女性，日后深刻影响了儿子宗庆后的性格，最终改写整个家族的命运。

毕业后，这对新婚夫妻南下返乡，先在苏州盘桓。宗启騄本想找和化学相关的工作，奈何沦陷区此时一片混乱，社会经济濒于崩溃，哪有工厂会招聘专业人才呢？眼看坐吃山空，宗启騄愁眉不展。幸好经兄长运作，在宿迁县政府为他谋到个差事。宗启騄没有多想，带上妻子，辗转就任。

到宿迁不过数月，抗战胜利消息传来，伪县长及其一群手下情知不好，作鸟兽散。宗启騄天真地以为自己刚就任，没做过任何祸害百

---

[1] 宗泽（1060—1128），婺州义乌（今浙江省义乌市）人。北宋元祐六年（1091）赐同进士出身。靖康元年（1126），金军再围开封，钦宗任赵构为兵马大元帅，宗泽为副元帅，救援开封。靖康之变后，任东京留守兼开封府尹，任用岳飞等人为将，先后二十多次上书赵构，力主抗金。南宋建炎二年（1128），三呼"过河"，忧愤辞世。

[2] 初名国民大学，于1913年4月13日正式开学，由孙中山等人为培养民主革命人才而创办。1917年改名为中国大学，1930年改称中国学院。1937年8月日军占领北平后，中国学院未能内迁，暗中接受重庆国民政府的资助和指导，在校生最多时达数千人。战后该校颁发的学历受国民政府教育部认可。

姓的事，便安心留下。王树珍支持他的决定，摸着早已隆起的肚皮，常常喜上眉梢。她天真地想着，抗战胜利了，生活将就此安定，却没想到眼前将是一场无妄之灾。

很快，重庆国民政府派出的接收大员队伍，神气十足地开进了宿迁县城。他们听说宗启騄是北平毕业的大学生，又是经人举荐就任，便认定他身上油水十足，打算好好敲他一笔竹杠。

大员们不容宗启騄分说，给了他三条路：或者组织民力，马上供应几万套军装；或者自己识相点，私下交一笔"平安费"；或者去坐牢，生死勿论。

宿迁历经战乱和洗劫，民生凋敝，根本没有能力置办军装。宗启騄一个穷学生，从未搜刮民脂民膏，也同样交不起钱。于是他只能选择第三条路：坐牢。

家中的顶梁柱被抓走了，无奈的王树珍挺着大肚子跑到徐州，投奔宗启騄的五哥家。幸运的是，她身体很健康，也没有妊娠反应，尽管每天只能吃烙饼，喝黄豆芽汤，但毕竟能吃饱。

在宿迁，大员们查来查去，实在找不出宗启騄有什么罪名，也看明白确实没油水可捞，便将他放了出来。宗启騄连夜赶往徐州，将临产的妻子送进医院。他们在医院住了十几天，到 10 月 10 日"双十节"时，还从医院请假外出吃了餐饭以示庆祝。第二天晚上十点，王树珍被送进产房，子午交接时，宗家的长子出生了。

这孩子在纷乱的岁月中到来，通过母亲胎盘获得的只有烙饼和豆芽汤的营养，但发育得出奇地好，足足有 9 斤重。因他排行"后"字辈，又是"双十节"后出生，母亲为他定下"庆"字，取名叫宗庆后。

宗庆后并非出生在宿迁，对徐州也没有什么童年记忆，但母亲的述说，让他天然地对这两地有了别样的感情。2002 年，徐州娃哈哈饮料有限公司成立，2005 年，宿迁娃哈哈饮料有限公司落地，为这两地带来了新增的岗位和大量的税收，这或许是宗庆后代表宗家回馈异乡养育之恩的最好见证。

# 穷可以，丢志气不可以

宗启騄从不甘心被命运之手随意拨弄，这样的性格基因后来在宗庆后的身上得以继承与发扬。但在 1945 年的中国，个人对抗历史洪流的空间实在太小了，小到仅仅被后人传记中的一句话就能概括：孩子出生后不久，这位年轻的父亲听从父母之命，举家迁回南京。

这趟旅程并不太平。此时，日本军队并未真正放下武装，而急于下山"摘桃子"的国民党政府干脆明令日军，不得放下武器，必须做好对共产党军队的"有效防卫"。这对夫妻回到南京时，火车站周围被炸得一塌糊涂。到了家，宗老爷子后怕地说："如果早一天回来，你们可能都没命了。"

宗启騄在南京邮政系统谋到了差事。他对待工作非常努力，丝毫不逊于对待学业。后来，宗庆后带着团队一砖一瓦地打造娃哈哈，经常忙得饭都吃不好。母亲王树珍仿佛在儿子身上看到了丈夫的影子，她如此评价："和他父亲一模一样，工作起来，什么都不管。"[1]

除了工作和家庭，宗启騄的生活没有更多内容。他每个月拿了工资后，只给自己留点零花钱，再给宝贝儿子宗庆后买些糖果，剩下的钱全都交给妻子，由她管理一家人生活收支。他做父亲虽称职，但也颇有传统的一面；他很喜欢宗庆后，但不敢抱，总担心自己会摔碰这

[1] 迟宇宙著. 宗庆后：万有引力原理 [M]. 北京：红旗出版社，2015：15.

粉嫩柔软的孩子。

王树珍持家有方，很快被公公婆婆看好，赋予她管理大家庭的担子。王树珍做闺女时，连厨房也不用进，现在每天围着锅灶转，老人们总夸奖她做菜是一把好手。

时间的匆匆脚步不允许岁月静好，一路狂奔着将日历掀到 1949 年。早在新年之前，南京城人人都知道了战事急转直下。很快，从东北到江淮，再到华北，腐败的国民党政权，以令人惊讶的速度迅速垮台。历史的大潮激起了时代巨浪，从此改变无数人，也改变了宗家。

这年 4 月 23 日，南京宣告解放。不久后，宗启騄失业，他选择去杭州谋生。在他看来，杭州是祖辈的籍贯，祖父也葬在杭州，大可前往安身立命。

留在南京的王树珍独自抚养宗庆后，还有刚满周岁的次子宗端后。因为收不到丈夫寄来的家用，王树珍断然走出家门，找到了人生中的首份工作，在南京宁波同乡会学校里教书。

此时，宗庆后已是会走路的年纪。母亲上课时，他就乖乖地坐在教室一角。看着大哥哥大姐姐们认真地听课，再看着原本熟悉的母亲，变成黑板前严肃的老师，这个最小的"旁听生"或许在人生起步阶段就感受到了知识的价值。这样的感受，会在他未来事业的征途中反复萦绕于内心，提醒他不断学习、不断前行。

对宗家而言，王树珍的教师职业经历具有更大的现实价值。此时，宗启騄在杭州谋生困难，除了自家九弟外，他找不到任何能投靠的人，而九弟自己也正为生计犯愁。因为九弟会开车，两人便做起物流运输的生意。刚开始情况还能维持，但随着社会局势稳定下来，运输力量迅速恢复，加上汽油价格飞涨，这点小生意也无法坚持下去，家里的经济来源断了。

这个小家庭在杭州没有房子。他们租住在西湖柳浪闻莺景点旁的韶华巷。今天，这里是湖滨景观豪宅区，紧靠文艺范十足的南山路。但那时，南山路只有低矮破旧的民房。在宗庆后的童年回忆里，九叔九婶、十叔还有自家四口人，蜗居在两间小房子里，有时候穷得连饭都吃不上。

王树珍觉得这不是办法，便天天打听哪里有工作。有一天，邻居带来消息，说杭州师范夜校招生，只用读两年就能参加工作。王树珍去应考，顺利被录取了。不久后，她又在报上看到招聘消息，这次是人民政府向社会公开招聘教师，她凭着过去的教学经验，再次顺利通过面试，从两百多个应聘者中脱颖而出。她有了稳定收入，欢声笑语也重回宗家。

那时，已婚女性走出家门去考试、求职，可谓大胆的选择。后来，无论宗庆后身处顺境还是逆境，都经常用超前的眼光来做决定。王树珍说，这是遗传了她的特点，宗庆后深以为然。

母亲的新工作，改变了宗庆后的生活环境。1950 年，他们搬进了柳翠井巷小学。这里原本是商会，建筑古色古香，改为学校后，大厅是教室，厢房就是教工宿舍。王树珍暗自庆幸，自己分配到的学校属于浙江省工商联，相比一般小学教师，她的工资要高了一截。

宗庆后的童年生活在校园里开始了。他的卧室就在教室旁边，白天待在家里时，就能听见隔壁传来的琅琅读书声。他与孩子、学校和教育的缘分，从此时播下，并跟随了他一生。他在创业过程中展现出的强大学习和引领能力，也与这段童年经历密切相关。

母亲忙碌起来。她白天要备课、上课、批改作业、辅导学生，晚上要去读夜校，争取更好的文凭。剩下的时间，她还要整理家务。直到从夜校毕业，母亲才松口气，但宗庆后也快要上学了。

随着年龄增长，宗庆后越发了解到母亲内心力量的可贵。他知道，母亲总是处变不惊的，面对着家境贫穷的现实，她没有抱怨，没有退后，只有承受、坚强和独立。当生活向宗家提出一道又一道难题时，母亲从容冷静地尝试出正确的解题方法，再以有力的笔迹，在命运答卷上勾勒出完美的图形。宗庆后耳濡目染了这一切，也塑造出其精神世界的早年模样。

王树珍有着传统而严格的家庭教育理念。有一次，她撞见宗庆后的小弟弟愣愣地看着别家孩子吃零食，眼神中充满了对美味的渴望。

王树珍立即将孩子牵回去，然后定下规矩：无论是谁，看到别人吃东西，就要走开，绝不准站在那里看别人吃。

转过脸，王树珍对宗庆后交代说："庆后，你是哥哥，你要以身作则，管好弟弟们。"

宗庆后担起了这份责任。他清楚，家里虽然有一份收入，但远谈不上宽裕。母亲始终内心骄傲，她忍受不了孩子眼巴巴地淌口水，更忍受不了别人施舍般将零食放进自家孩子嘴巴。从那以后，只要看到别家孩子吃东西，宗庆后就会第一时间将弟弟们拉开，在他尚且年幼的心里，埋下和母亲如出一辙的想法：穷可以，丢志气不可以。

这个 7 岁不到的孩子，在人生的起跑线上就忙于抵挡零食的诱惑。谁又能想到，他将在数十年后创立中国最大的食品饮料生产企业，将数以亿计的美味送到孩子们手中？

但在此之前，宗庆后还要走很长的路。

## 校园的日子

宗庆后的毕生成就，离不开其家庭环境的承载与托举。但与许多人想象的不同，那个普通的小家庭，并未为他准备充盈的创业资金、丰厚的社会人脉，而是父亲的勤奋身影、母亲的自强精神，为他构筑了做人做事的原则底线。

除此之外，家庭给予宗庆后的最大财富，就是对教育的重视。

1953 年，宗庆后入小学。他没有像普通教师子女那样，进入母亲执教的学校，而是就读于杭州师范附属小学。这是王树珍精心考虑后做出的决定。这所学校无论办学硬件、师资力量、校园风气都堪称一流。王树珍认为，宗庆后在那里能得到更好的教育，而相应的代价则是上学的路程很远。

宗庆后不怕路远。他是标准的好孩子，在家听爸妈的话，到学校听老师的话。他极少抱怨和撒娇，很少淘气，也不爱参加打球、打弹子之类的游戏；大多数时候，他都很安静，令人省心。

学校生活开阔了宗庆后的视野，他不用再当母亲课堂上的"旁听生"，生活也变得规律起来，上学、放学、帮做家务、写作业、睡觉、起床……随着新的弟弟妹妹的出生，家庭经济情况依然窘迫，不足 10 平方米的教工宿舍房里，挤了六口人。宗庆后和弟弟只能睡高低铺，尽量缓解拥挤。

更让他感到窘迫的是校园活动，当同学们兴高采烈地交钱看电影时，他只能找借口不去，原因是交不起几分钱的电影票钱。班主任知道情况后，经常为他垫付费用，庆后对此既充满感激，又倍感压力。

二年级时，宗庆后转到新华小学。他学习认真，性格稳重，颇受老师们的喜爱，很快当选为少先队中队长。他并未得意扬扬，而是更加懂事，不想让任何人失望。

到了六年级，学校开展德育活动，邀请解放军代表来作报告，小主持人是宗庆后。他不仅要负责舞台介绍，还要代表学校去军营送邀请函。这样的安排令人意外，在大多数人印象里，宗庆后的缺点是不善言辞，大家都很担心他的表现。

宗庆后感受到同学们异样的眼光，但他不愿解释，也没有草率行动。回到家后，他仔细地背好台词，在镜子前面一遍遍演练，不想放过任何细节。

第二天，宗庆后大方地走到军营。在门岗那里，他敬了标准的队礼，将学校的介绍函递给哨兵。

很快，士兵领着宗庆后穿过营房和操场。他看见一排排解放军叔叔，身板笔直挺拔，一丝不苟地做着刺杀训练。响亮的口号声穿透晨间的清冽空气，冲进少年的耳朵。他的心里有什么东西仿佛被击中了，共鸣的涟漪在灵魂里一圈圈播散开来，让他对这里产生浓烈的兴趣。

部队领导对宗庆后很欣赏。他接过邀请函，连连夸奖："不错，你也是队长！"宗庆后有些腼腆地笑了。

这次军营经历虽然短暂，但激发的热血体验是学校未曾提供的，在宗庆后的记忆里留下了深刻的烙印。他逐渐意识到，故事里、电影里、舞台上的那些光辉角色，距离自己的生活并不远。世界上所有的英雄，都曾是各自岗位上的普通人，他们之所以与众不同，是因为他们坚持向困难刺出锋芒。

时间很快就过去了。小学毕业后，宗庆后升入杭州市第五中学，就读于初一（三）班。这里的校园更大、同学更多，图书馆里的藏书之丰富，让宗庆后兴奋不已。他很快就成为"小书虫"。

和很多同学一样，宗庆后非常喜欢《钢铁是怎样炼成的》这本苏联名著。主人公保尔·柯察金有着传奇的人生故事，经历过激情四溢的战斗青春，在面对伤病和死亡时，表现出大无畏的英雄气概，这些都让宗庆后沉醉其中，难以平静。他时常掩卷沉思，自己如何能像保尔那样，也为祖国和人民做出一番轰轰烈烈的事业，成为能让后人怀念的英雄。

宗庆后毕竟涉世未深。他并不清楚父亲过去的经历，将会给自己带来怎样的负面影响。不过，后来发生的事情也并未亏待他的天真，当他执着地面对现实、挑战困难时，当他以领军者的姿态统领上万人的企业发号施令时，正是这份带有孩子气的英雄主义支撑着他，也正是不甘平庸的信念，驱使他不断攀上新的高度。

除了图书馆，校园广播站也是宗庆后常去的地方。因为普通话不错，他被选为学校的播音员。每天清晨，他都会准时来到播音室，娴熟地打开话筒，调整音量，为同学们朗读当天的新闻头条和报纸摘要，有时候还会讲几个笑话。在同届学友里，很多人并不认识宗庆后，但却对播音站男生颇有印象。

宗庆后的良好表现，让他受到师生的一致认可。他中学的第一任班主任叫金秀芳，她从工农兵大学生毕业，刚分配来校不久。金老师很喜欢这孩子，觉得他独立性强，也有头脑，于是让他当了班长。宗庆后变得更有责任感，他自己从不打打闹闹，但看到有弱小的同学被欺负时，他总是会挺身而出，维护集体的良好氛围。

孩子毕竟是孩子，宗庆后也时常会和同学们开玩笑，大家则给他起了不少外号。因为他小时候皮肤白，学习成绩好，女生叫他"白面书生""白米粽子"。男生们喜欢叫他"大头"，因为他头大，而且是班长。

宗庆后确实是同学们的"头"。他凭借超越同龄人的吸引力，让同学们自然而然地愿意追随。放学以后，他组织起了学习小组，成绩好的和成绩不好的同学混在一起，互相帮助和竞争。这个学习小组经常到宗庆后家里去活动，大家先做作业，再玩耍，时间总是过得很快。

"大头"也会负责课外活动。初一到初三，每年清明节，宗庆后都会带领三班的同学们去纪念革命先烈。他们在南星桥集合，再步行两小时，走到城外的万松岭，在那里扫墓、种树，举行仪式，宗庆后总是把一切都安排得很妥当。

西湖边有个小型的实验种植园地，是杭州市教育局分配给学校的，三班接下了管理任务。宗庆后带着同学们在这里种萝卜，他们选择了新品种，有个响亮的名号，叫"浙大萝卜"。经过大家的辛勤劳动，到收获季时，肥大的萝卜整齐地排列在土壤里，大家看在眼里，甜在心中，别提多高兴了。

在这些活动里，宗庆后也展露出灵活机变的创意天赋。

有一次，校领导将"讲卫生，除四害"的宣传任务交给他，要求去公开场合宣传，还要保证效果。宗庆后想了想，自己动笔写了宣传稿，到政教处开了封介绍信，再拉上一个笛子吹得很好的男生，跑到位于官巷口的食品商店。他们进了店，挤过人群，直奔商店广播站，迎接他们的是播音员阿姨的好奇目光。

宗庆后递上学校的介绍信，礼貌地询问自己能否念念宣传稿，阿姨看完信，笑着同意了。念稿子之前，宗庆后特地请同学吹首笛子曲，保证引起顾客的足够注意。果不其然，这次宣传取得了很好的社会舆论效果，学校因此还得到了上级领导部门的表扬。

用今天的眼光看，宗庆后会找精准流量，善于对接媒体平台，会拉来免费的引流内容，还会自己动手制作宣传内容，这些招式组合在同一个人身上，放在任何时代都是营销高手。在那时，能做到这些的初中生更是屈指可数，大多数孩子只要能印出"除四害"的传单，去学校门口向路人散发，就已经相当不错了。

宗庆后想出这些点子，了解他的人并不觉得奇怪。他虽然话不多，但心思非常细腻。他感觉班级的粉笔用得太快，就带领同学们收集讲台上的粉笔头，再将黑板上擦下来的粉笔灰也收集起来，大家一起动手，用水拌匀，加上胶水，再放在细细的竹管"模具"里，加工成"新粉笔"。虽然外形不好看，但使用效果相当不错。

暑假时，宗庆后会组织同学们去杭州花圃附近勤工俭学，主要工作是拔野草。每个人辛苦一天的收入有两分钱。同学们将挣到的钱存起来，买文具，买书，尽量减轻父母负担。

九年的校园生活锻炼了宗庆后，让他在如饥似渴地学习书本知识之外，也充分锻炼了能力。他相信自己，也相信世界，相信那美好的未来。

然而，随着60年代的到来，一切都改变了。在历史路径的分岔点上，宗庆后与数百万中学生一起，迎来了命运的转折。

## 初入社会

1961 年夏天，宗庆后初中毕业。在别人看来，他学习成绩优秀，作为班干部工作能力出色，理应升入高中学习，但他不得不考虑更多问题，过早地面对人生的抉择。

此时，正值国家的三年困难时期，各种原因导致城市居民的生活物资供应被大幅度压缩，不仅粮、油、菜、肉、蛋需要凭票供应，连火柴、调味品也如此。宗家已有了四男一女五个孩子，都是在长身体的年纪，弟弟妹妹们时常哭着说吃不饱，家里笼罩着挥之不去的阴霾，而最大的问题在于没钱。

来杭州后，父亲宗启騄并没有闲下来。新中国成立之初，政府依然允许民间办学，以此提升国民教育水平。父亲在物流生意失败后，就掏出积蓄，办了个补习班性质的私立学校，取名"求实中学"。这个昔日名校毕业的高材生，此时还抱有搞教育的梦想，觉得这才是符合自己性格和特长的事业。

但社会进步的洪流滚滚而来，宗启騄无法继续实现梦想。他出身于旧官僚家庭，还曾经供职于反动政府，这些经历让他无论走到哪里，都背负着沉重的历史包袱。不久后，"求实中学"被接管了，他被带到农场，接受严格的隔离审查。

一年多的审查后，宗启騄重获自由，回到杭州。想继续站在讲台上是不可能了，好在街道的书记看上了他，将原本打算造办公室的砖瓦材料交给他，让他办街道工厂。老宗咬咬牙，在一无资金、二无专业技术人员的情况下，搞起了自行车零件厂，发展得红红火火。

可惜，老书记调走了，新书记来了以后，认定如此重要的企业不能交给有历史问题的人管理。宗启騄再次被迫离开，家庭经济状况又一次陷入困难。

宗庆后深知父母不易，初中毕业前，他就想着考师范学校。那时，师范生算是半个国家干部，上学期间免伙食费，还有生活补助，对家庭困难但学习成绩优异的孩子而言是最好的选择。

这份热切的希望，很快就被现实击得粉碎。当宗庆后想要报考时才知道，他的家庭成分不行，根本不具报名资格。

宗庆后没有怨天尤人，既然不能读师范，他就选择了辍学。他既想减轻父母的生活负担，也想保证弟弟妹妹能读得起书。

若干年后，当他成为娃哈哈集团总经理时，他这样评述当时的决定："我并不后悔当年的抉择，尽管是出于不得已。社会也是一所大学，现实生活中，可以学到无数学校中不能得到的知识。"[1]

带着些许稚气的宗庆后，就在这一年告别了校园，初入社会。尽管年轻，但他并非毫无准备。每逢全家晚餐时，父亲都会在昏黄的灯光下，给孩子们讲做生意赚钱的心得，说为人处世的道理。为了防止隔墙有耳引来麻烦，他有意压低了声音，但在那不足 10 平方米的小屋里，却已足够清晰。日复一日地传授，让宗庆后对远比校园复杂的现实社会并无恐惧，反而有几分向往。

一开始，宗庆后选择了汽修行业。那时的汽车很稀罕，修车工收入非常可观，但想要学会、学精却不容易。

为了挣钱，宗庆后不怕吃苦。他跟着师傅到处修车，工作时，他要负责拧螺丝、递工具、端茶倒水点烟；到了饭点，他还要饿着肚子，

---

[1] 高钫，张晓明. 宗庆后与娃哈哈 [M]. 北京：人民出版社，1994：22.

先去给师傅做饭。虽然宗庆后很努力，但他毕竟年纪小，在机械维修方面缺乏基础，进步速度很慢，收入也难以提高。

走技术路线失败，宗庆后只好找其他路子。他思来想去，看中了家里墙角的一套机器。那是父亲从朋友手中买来的爆炒米机，当初花费了足足80多元。宗启騄原本想用来做街头生意，但犹豫了很久，最终放弃了。

宗启騄的放弃并不奇怪。爆炒米不是开门生意，商贩得背着这机器，整日吆喝着游动在城乡，只要发现孩子集中的地方，就将火炉燃起，将水瓶大小的铁葫芦里装好大米，横放炉上，不断翻滚加热。开炉时，一手要套上麻袋，罩住葫芦的出口，另一手拉拽钩子，随着砰的一声响，烟雾散尽，围在旁边的孩子就会蜂拥而上，热闹地分享爆炒米。

父亲曾是高材生，他终究不好意思做这些，宗庆后却横下了一条心。他和大弟端后，用自行车背起沉甸甸的铁家伙，开始了谋生之路。最开始，他们连"爆炒米嘞——"这样简单的吆喝都不会，渐渐地，这两个孩子引起了注意。可能是年龄相仿的原因，那些小弟弟、小妹妹最喜欢跟在他俩后面，边跑边笑，宗庆后胆子大了起来，也自然而然地学会了吆喝。

爆炒米时，大米都是顾客们从自家带来的，宗庆后只负责为他们加工。爆一炉子米，如果不加糖精，价格是1毛钱，加糖精就是1毛5分钱。有时候，顾客也会带来些黄豆、玉米、蚕豆之类，宗庆后全都按原价加工。

那时候，人们没有零食哄孩子，从家里拿点米爆一下，几乎是家家户户的选择。兄弟俩平时每天能赚十来块钱。碰到过年过节，生意火爆，在很多地方都能从清晨爆到天黑，排队的人络绎不绝，一天足足能赚几十块钱，这已经快赶上母亲一个月的收入了。

爆米挣了数百元后，宗庆后也坚持不下去了。这生意起早摸黑、走街串巷，很容易碰到熟人。当时，做这种事情不光彩，有违法违规的嫌疑，宗庆后年轻好面子，不肯在离家近的地方做，远的地方又实在跑不动。

就这样，他的第一次创业结束了。

握紧挣来的一沓零钱，宗庆后沉思着找到了新项目。

时值寒冬，他和端后从菜场买来红薯，在家煮熟后，带到火车站附近，从下午卖到夜里。他们定价不便宜，一斤烤红薯要 4 毛钱。越是深夜，生意越好，那些夜班车的外地乘客到了站，又冻又饿，纷纷排队购买。

卖了一段时间，宗庆后找到了路子，直接去农村采购更新鲜、更便宜的红薯。有一次，他骑车到乡下农户家收红薯，回城时天全黑了，下桥时看不清路，一下摔倒在地。撞击力将自行车的前杠都压弯了，红薯滚落一地。他晕头转向地收拾好，忍着疼痛站起身，推着自行车走了数十里路，才算完成当天的收购任务。

修车、爆炒米、卖红薯……无论这些事是否赚钱，宗庆后都不想做。如果有可能，他更想坐在明亮的教室里听课，更想在广播站里为全校朗读新闻，可命运将重任推到面前时，他并无逃脱之路，只能接受一次又一次的锻炼洗礼，并努力做到最好。正如他后来所说，"人生的最大区别就是你是否还有勇气继续闷头走下去"。走下去，从此成为宗庆后的人生信念。

但他没想到的是，这一走，要足足坚持十五年。

## 十五载搬砖生涯

1964 年秋，宗庆后走进家附近的街道办事处，他向工作人员简单询问了几句，对方便递来一张薄薄的报名表。宗庆后掏出用了多年的钢笔，伏在桌上，端正地写下名字、籍贯、毕业学校、现居住地、政治面貌……

这张表彻底改变了宗庆后的生活环境，他的人生下一站是位于舟山群岛的马木农场。

"马木"这名字，是宗庆后偶然听见的。这家农场在杭州各街道招收知识青年，无论家庭成分，谁都可以报名参加。宗庆后已经厌倦了在街头飘荡的生活，他觉得这是改变自己命运的机会，一如母亲当年走出家门、报考教师那样去改变这个家庭。

宗庆后不清楚这个"机会"的分量。凭借初中地理课上学到的知识，他只知道舟山群岛是我国第一大群岛。

前来招工的干部很热情，宗庆后填表时，那位干部介绍说，农场有广阔的土地、大片的盐田，天气晴朗时，在阳光下雪白如银，照得让人睁不开眼睛，宛如一座宝库，等待着有志青年的开发。像宗庆后这样的小伙子，应该将青春和汗水献给舟山、献给农场，将来一定会大有前途。

宗庆后听得心潮澎湃，想到自己不用偷摸地走街串巷，再想到马上能看见大海，能融入广阔的农村天地，和更多志同道合的伙伴一起投入生产劳动建设，他感到浑身充满力量。

等回到家，宗庆后才想起来，自己太着急、太兴奋了，这样大的事情，也没有和父母商量。

宗家既很传统，也有开明的一面。更何况，五个子女的养育负担就像沉甸甸的包袱，压得人喘不过来气。虽然父母心疼儿子，但没有责怪和阻拦他，只是默默地叹息了一夜。第二天，王树珍破例求人，向学校工会借了30元，塞到儿子的行囊里……

三天后，宗庆后就跟随下乡队伍出发了。

从杭州到舟山，要先坐火车到宁波，再改乘船过海。比这段路程更远的，则是想象和现实的距离。刚到马木农场时，所有人都惊呆了。这里荒无人烟，甚至连飞鸟都不见踪迹，让这些从大城市来的知青无所适从。后来大家才知道，马木农场的前身是关押犯人的劳改农场，当地居民戏称为舟山的"西伯利亚"，其环境恶劣可见一斑。

恶劣的环境意味着沉重的责任。知青们第一次集体开会，农场的唐书记就严肃地说明，这里的劳动强度很高，经常要在一望无际的滩涂上挖盐、晒盐、挑盐；海边风浪之烈、阳光之毒，也绝非身处西湖畔的学子所能想象。

这番话，既是提醒，也可谓警告。

宗庆后虽然个子高大，但身处贫寒的家境，还要经常省下粮食给弟弟妹妹吃，让他略显瘦弱，加上沉默寡言，显得并不出众。当书记的目光扫过他时，宗庆后明显感到其中的怀疑意味。

宗庆后暗下决心：一定要干出个样子，让唐书记对我刮目相看！

很快，他就领略到了农场劳动的艰辛。围垦海涂时，知青们要不断地挖走土方和石块，再运往远处。一车土方足足数百公斤重，要靠人力拉车，走30公里，才能挣到9毛钱收入。宗庆后每天都重复单调的工作，不知道在这趟路上走了多少个来回，一天劳动结束后，整个人仿佛散了架，回到宿舍瘫在床上，连翻身都感觉骨头在疼。即便如此，他却从未叫过苦、喊过累。

人，无论身处怎样的环境，只要散发不同的光芒，就必然会赢得尊重的注目。同去的知青，有人每晚躲在被窝里呜呜哭，有人受不了吵着要回家，甚至还有人真的偷偷开小差，溜回了杭州。相比之下，宗庆后显得与众不同。他的人在这里，心也定在这里，只想把眼前的每一步走踏实。

唐书记对宗庆后的看法完全改变了。他认定这是个人才，只不过被家庭出身所累。豪爽的书记拍着胸口说："小宗，你应该去读书，只要好好干，我就把保送上大学的机会定给你！"

书记的承诺是真心实意的，并非空中楼阁。那时，农场这样的国营单位，会有固定的保送上学名额，作为第一负责人的书记，自然掌握分配大权。而宗庆后既是整个农场的先进知青，也评上了舟山地区的"上山下乡积极分子"，保送上学可谓顺理成章。但命运偏偏不允许宗庆后继续去上学，正当他为了将来更加努力时，传来了坏消息。由于马木农场环境太差，产出和投入严重不符，上级部门决定停办该农场，宗庆后的大学梦也就此告终。此时，他来农场整整一年。

宗庆后带着伤感和唐书记告别，他和其他知青被安置到了绍兴茶场。

如果只看地图，绍兴更接近杭州。但茶场地处偏僻的丘陵，除了茶山还是茶山，环境同样乏味。

茶场既有茶山，也有砖窑、稻田。采茶活儿相对轻松，被交给了女工，男人们则要负责烧窑、割稻。宗庆后初来乍到，不会烧窑，于是又干起了搬砖的"老本行"。每天清晨开始，他将沉重的砖坯装上小车，推到窑场，再从那里将烧制好的砖块运到库房。虽然只有五里多路，但窑场每天会烧制大量砖块，宗庆后得跑上很多趟，丝毫也不比在农场时轻松。活儿多时，连吃过晚饭也不能休息，他和板车一趟趟地奔走在坑洼的山道上，直到天色漆黑，嘎吱嘎吱的车轮声还会传出很远……

除了搬砖，宗庆后还种茶、割稻、喂猪、摇船，甚至炒菜，后来还担任了生产调度员。在很短的时间里，他几乎适应了这里所有的岗位。

繁重枯燥的体力劳动，很容易摧毁人进步的意志。当时，很多伙伴都远离了学习，只要一到工休，就会三五成群地聚在一起，或者抽烟吹牛，或者玩牌，也有人选择用酒精麻醉自己。但宗庆后很少参加，他逃进了书本的世界。

宗庆后每月工资只有20多元，虽然茶场里并没有什么消费，但如果沾染了烟酒赌博的恶习，这点钱还是不够用。宗庆后却总是能省下钱来，除了寄几块钱回杭州补贴家用，剩下的钱他全部用来买书。

那时候，"读书无用论"刚盛行，而宗庆后却保持着过去的习惯。他有大把时间读书，从中外历史到人物传记，从黑格尔到《资本论》，只要有机会接触到，无论是借是买，他都会千方百计找来看。而其中，他阅读最深、最有收获的，是《毛泽东选集》。

读《毛泽东选集》，是知青都会接触到的任务。那时，全国上下，人手一本《毛泽东语录》，家家都有《毛泽东选集》，彰显着富于时代特征的追求。之前在马木农场时，宗庆后也会参加《毛泽东选集》学习，但19岁的他更向往充满戏剧性的战斗英雄故事，还不能真正深入理解《毛泽东选集》的智慧精髓。直到经历了梦想的再次破碎，体验了从农场到茶场的转变，宗庆后才成熟起来。他对生活的无数问题，也在《毛泽东选集》里找到了答案。

"农村包围城市""发动群众依靠群众""团结一切可以团结的力量""民主集中制""没有调查就没有发言权"……伟人充满哲学智慧的思想光芒，为宗庆后照亮了原本迷茫的人生道路。宗庆后陡然发现，自己经历的磨难，和为中国革命奉献了一切的毛主席相比，根本不算什么，这给了他坚实的勇气去面对现实，去拼搏奋斗，同时不断认识自我、认识社会、认识历史的发展。

十几年的光阴飞驰而过，茶树一次次地绿了又谢，谢了又绿。宗庆后的生活却没有任何变化，他白天工作，晚上读书，像隐者那样不问世间风浪。在长期的劳动锻炼后，他变得高大结实，得益于无数个夜晚的阅读，他也越发成熟稳重。

当桌前的日历翻到1977年时，杭州城传来了消息。

第二章

# 负债起步，创业者只爱追梦

　　正式任命那天，傅美珍郑重其事地拿出"校办厂经济承包合同书"，合同上的数字清晰而准确：1987 年总利润目标，10 万元。这份合同书，至今被珍藏于浙商博物馆。它始终在提醒人们，娃哈哈的诞生源头，是价值 10 万元的承包目标，也是一个中年男人向组织交出的诺言。

## 回城之路

1977 年秋天，王树珍再也按捺不住了。她有些后悔，后悔当初怎么就轻易放儿子走了。她也有些埋怨，埋怨糊涂的丈夫、倔强的儿子，她更有一份盼望，盼着宗庆后能早点找到人生的归宿。

此时，动荡的年代结束了，知青故事正落笔最后的篇章。那些曾和宗庆后一起踏上绿皮火车的年轻人，如今有的人在乡下成了家，也有人回到城市结婚，还有不少人都当了父亲。可宗庆后却依然窝在偏远的茶场，孑然一身，这让王树珍倍感不安。更让她难受的是，自家四个儿子，次子端后没有下乡，三子泽后已经回城了，小儿宇后还在读书，只有宗庆后毫无动静。再这样拖下去，他的未来在哪里呢？

王树珍和丈夫商议一番，决定替儿子做主：既然回不了杭州，就干脆在绍兴娶妻结婚，这样起码生活里还有人照顾和做伴。很多知青也确实选择了这条更现实的出路，他们的人生处境最终停留在 19 岁那年插队的农村。直到今天，也很难评价做出这种选择的人究竟是否幸运。宗庆后那时也不知道该怎样选，但他知道，绍兴茶场没有自己想要的答案。

王树珍不清楚宗庆后要什么，但她想要个儿媳妇。她和丈夫拿出家里的积蓄，买来木料，宗庆后的大弟做木工，二弟刷油漆，一家人齐上阵，打了套家具，托人运到了茶场。

这套家具送到茶场知青宿舍楼下时，引发了一阵不大不小的骚动。

有人打趣说："小宗，你还没谈女朋友，家里都着急了。"也有人同情地说："看来，家里不指望你回杭州了。"

这些话只是玩笑。茶场的人了解宗庆后。在这个择偶范围不大的地方，经常有女孩子关注乃至爱慕他，但宗庆后从来不为所动。他没想过留在这里，也就不可能去耽误任何人。

宗庆后没有在乎玩笑话，他凝视着崭新的家具，上面泛起油漆的光泽，仿佛让他看见童年时家里的昏黄灯光。他知道，这不是家具，而是全家人对自己的思念和关爱。

宗庆后因这份温暖而感动，但他又不得不拒绝。他始终坚信，自己能回到杭州，而不是留在山里。

第二天，宗庆后就找到货车，付了钱，让司机将家具运回了家。

又一年过去了。1978年秋，宗庆后已33岁。他真的等来了振奋人心的消息。那消息从北京传来，飞到杭州城，又飞到绍兴农场：城镇干部职工退休后，其知青子女可以返城顶替工作！

王树珍毫不犹豫地递交了提前退休的申请。这年12月，宗庆后终于回到阔别十五载的杭州。

在绍兴茶场的知青们看来，赶上好政策的宗庆后很幸运，但回家的滋味只有他自己懂。受文化程度所限，他不能顶替母亲的教师岗位，只能去当工人，工作单位是上城区邮电路小学工农校办纸箱厂。

1979年的宗庆后，看似命运已变，其实只不过改变了工作的环境和对象，从一株株茶树，变成了一沓沓纸板。

"有时候，不安分的心，是前行的力量。"多年以后，已是娃哈哈集团董事长的宗庆后这样说道。漫长的下放时光压抑了他的不安分，在重回杭州城之后，他选择了孤注一掷式的自我表达。

那时，改革开放的讯息犹如种子萌发，一点点破土而出。通过北京的同学和朋友，宗庆后对此有所耳闻。虽然人微言轻，他还是想把这讯息传播得更广一点。他开始在这不起眼的小工厂里到处提建议，肆无忌惮地发表观点，他对工作中的低效问题大加抨击，然后指出应该如何改进……

以前的宗庆后并不叛逆，此时的他却大相径庭。从回城那一天开始，面对衰老的父母，面对长大的弟弟，面对似曾相识却又无比陌生的大街小巷，他的潜意识里始终有个声音在呼喊："抓住希望，抓住希望！"现在，宗庆后所有的叛逆，都是在回应这个声音，都在撺掇着他伸出手，从命运的潘多拉魔盒里拽出最后一丝希望。

不久后，工农纸箱厂厂长找到了上城区文教局[1]领导，表示这个顶岗的大龄青年太难管理，"不是很听话，喜欢自作主张"。

这十一个字，在某些领导眼里，足以否定下属一生。幸运的是，宗庆后遇到了傅美珍。

1980 年 8 月，上城区文教局的新一届领导班子就任，傅美珍成为其中最年轻的局长，分管工作包括校办企业的发展。[2]

傅美珍曾找宗庆后谈过话，勉励他在普通的岗位上发光发热。宗庆后觉得，这位领导年龄和自己相差不大，和农场的领导们气质迥异。此时他还并未察觉，傅美珍将对他的未来产生重要影响，而他也将会把傅美珍的名字同中国最大饮料企业的命运紧紧联系在一起。

对改革开放的讯息，傅局长当然有所耳闻。她隐约觉得，整个时代的主题即将改变，教育局不会再像以前那样死水一潭，校办工厂将在变革中发挥重要作用。与此同时，她也发现上城区文教局旗下的集体企业充满弊病，无论是产品质量、内部管理，还是对外销售，都停留在十几年前甚至几十年前的状态，大多只懂得简单模仿跟风，导致年年亏损，不仅无法为教育事业输血，反而可能亏本。

"不行，必须改！"傅美珍总是有这样的感觉。

---

[1] 1980 年 8 月至 1982 年 4 月，改名为上城区教育局；1987 年 5 月，再次改名为上城区教育局。

[2] 浙江省杭州市上城区教育局编. 杭州市上城区教育志 [M]. 杭州：浙江人民出版社, 1993: 27.

　　这样的基层领导，在当时并不少见，他们年轻敢干而具前瞻眼光，意识到经济层面的改变即将到来。傅美珍属于其中的幸运儿，幸运在手下有个宗庆后。他的某些言论，如果早出现十年，可能会把自己送去坐牢，但在此时的傅美珍看来，这并非大逆不道，而是代表了另一种时代发展的可能。

　　傅美珍想，既然有这样的人，为什么不能让他试试呢？说不定，更好的可能就会出现。她给了纸箱厂长一个建议：既然宗庆后想法多、不安分，不如别干生产了，让他去当供销员。

## 这个供销员不安分

让宗庆后去当供销员？厂长琢磨着领导的意思，感觉这建议并无坏处。最起码，能让这人离开生产队伍，不至于影响大多数员工，自己也眼不见，心不烦，于是慨然执行。

供销岗位是块烫手山芋，供销员每天的工作就是踩一辆老旧三轮车，送送冰棍、作业本和纸板箱。无论刮风下雨、酷暑寒冬，只要按计划地送货，供销员就必须出门。有时候，那些收货单位的领导还会挑三拣四，冷嘲热讽……

在其他人看来，这活儿收入不高，还得吃苦受累，哪有坐在车间里糊糊纸箱好？宗庆后却乐在其中。他成日哼着歌跨上板车，给不同单位送货，有学校、企业，也有政府部门。他笑嘻嘻地和各式各样的人打交道，认识的朋友越来越多，日子也充实了起来。

他的工作环境改变了，生活随之变化。为响应中央"校校无危房，班班有教室，人人有课桌凳"的精神，文教局开始为教师分配宿舍。身为退休教师的王树珍获批一间小宿舍，虽然远在拱宸桥，距离工农纸箱厂有20多里路，但家里还是决定将之交给长子宗庆后。

宗庆后终于不用和父母、弟弟挤在那简陋的平房了。

其实，这狭小的宿舍并无其他好处，唯独能让宗庆后安静读书，与以前只能睡上下铺相比，这里简直算是天堂。

这天，有人叩响了"天堂"的门。宗庆后放下书，发现来人是隔壁大伯。他退休前在政府部门工作，看见宗庆后每天下班都是看书，从没出过门，觉得这样的人才难得，又想到朋友家还有个大龄女儿未婚，便起了做媒之心。

在大伯的介绍下，宗庆后认识了施幼珍。这姑娘模样端庄秀丽，性格温和善良。从杭州第八中学毕业后，她主动将留城的机会让给妹妹，自己去了远隔千里的东北边陲，在黑龙江兵团插队。在那里，她学起了割麦、养猪，从什么都不会到当上畜牧排副排长。1978 年，她终于返乡，被安排到商业系统工作，现在也已年过三十了。

相似的经历、相仿的性格，拉近了两颗心的距离。在一次次交往中，宗庆后和施幼珍的感情日渐笃厚。双方父母见面后，彼此也很满意，这桩婚事便定了下来。

宗庆后已是"奔四"的年纪，想到即将组建的家庭，他倍感压力。辗转反侧的深夜里，宗庆后下定决心：必须离开纸箱厂，去更好的环境，早一步迎接时代的变革。

或许得益于爱情的滋润，认识了施幼珍，让宗庆后的生意头脑越发灵光。当别人以为他只会推销纸箱、作业本时，他早就拓宽了业务范围。有一次，他听说浙江乡下在求购白蚕丝，又打听到重庆的白蚕丝供大于求，他便靠着关系，将重庆的蚕丝赊到手中，再卖到本地乡下，为工厂赚了一笔钱。

在钞票面前，厂长对宗庆后的态度发生了 180 度大转弯。那段时间，文教局正计划翻新更多的教学楼，让孩子们有良好的学习环境，但最大的阻力在于没钱。上城区文教局一年获得的财政拨款只有 60 多万元，刨去不能动的教师工资，教育经费平均到每个学校只有几百元，如果校办企业不能"造血"，傅局长主导的建设计划就只能停留在纸面上。在这节骨眼上，宗庆后凭一己之力，提升了工农纸箱厂的业绩，属实是不可多得的人才。

宗庆后的优势不可阻挡地展现出来，在没有互联网甚至还没有市场经济的时代，借助每天东奔西跑，他对商业信息的掌握程度远超常人，无论是其来源的丰富性，还是内容的准确性，都领先整个杭州乃至江浙的民间讯息系统。更厉害的是，宗庆后生来就有一张受人信任的脸，有稳重宽厚的性格，在经历纷乱的十年之后，人们更愿意选择和这样的人打交道，这就保证了他能将信息与人这两大成功因素紧紧抓在手上。

在商品信息的海洋里，宗庆后灵敏地捕到了电表价格上涨的行情。随着国家工业的复苏，用电量不断增加，但电表厂家还是只有原先那些，产品势必供不应求。宗庆后多方打听，发现电表的技术含量不高，只要能采购到零部件，有一块场地加以组装，就能立刻赚到钱。

宗庆后想为文体局增加一份收入，也为自己找一方平台，哪怕只是最小的角落。

趁着厂长心情好，宗庆后建议他考虑办个电表厂的事情。厂长听他分析得头头是道，未免心动了，但又不敢擅作主张，就跑到傅美珍那里请示。傅美珍立刻支持："让小宗放手干！我相信他！"

厂长有了主心骨。他拨了点钱，又从工农纸箱厂厂区那里划了一小块地方。宗庆后就这样"独立"了。新工厂名头很大，叫"杭州胜利电器仪表厂"，但暂时看不出胜利的样子。厂里只有几个工人，他们从零起步，边学边干，用仅有的两台设备组装零件。

加班加点的半个月生产后，宗庆后将十来个样品塞进包里，继续跑供销。他想去报名参加展销会，但这厂子太小，根本没人邀请他们。绝大部分启动资金投到了原材料里，也交不起摊位费。宗庆后只好干起爆炒米、卖红薯的老本行，他干脆在展销会门外摆地摊，扯起嗓子吆喝自家的电表产品。让他欣慰的是，经过这番创业后，地摊上起码不是粮食，而是工业产品了。

以这种原始的销售方式，宗庆后还是成功拉到了两笔生意。大家都以为，电表这条路走对了。如果真的如此，宗庆后的个人事业或许很快就会达到轨迹顶点，"娃哈哈"品牌是否能诞生也未可知。但命运喜欢开玩笑，它很快就会让宗庆后见识到困难，用一种意想不到的形式，推动他绕过眼下所追求的目标，走向人生的主线战场。

# 卖电表，从"胜利"走向"光明"

市场是瞬息万变的，从来不以人的主观意志为转移。还没等电表市场的火爆焐热宗庆后的钱袋子，大批竞争对手就如同雨后春笋般出现了。短短一年间，仅浙江省就出现了数百家电表生产厂家，这些乡镇企业定价更灵活，推销规模更大，胜利电器仪表厂的"胜利"局面岌岌可危。

宗庆后不相信自己会输，他果断地背上数十只电表样品，把推销范围拓展到遥远的山西。在那里，他费尽唇舌，赔足笑脸，终于拿到一家企业的订单意向，对方表示想以每只电表23元的价格，订购1000只电表。虽然这价格带不来多少利润，但起码能消减仓库里越来越多的积压。宗庆后满心欢喜地打电话给厂长汇报，没想到厂长却不满意："这价格太低了，你最好跑趟广州，那里有上万台的要，而且价格最低给到24元。"

任何年代的下属质疑领导都不是明智的选择，更何况是计划经济体制下的企业。胜利电器仪表厂的一把手是厂长，而不是宗庆后，前者天然背负了更多责任，也就必须有更多的话语权。宗庆后从未怀疑过厂长，就正如后来他成为娃哈哈的领头人之后，也是企业当之无愧的权威。

宗庆后掉头南下，随即发现厂长犯了个无法弥补的错。在广州，他费尽心力找到的客户，只愿意给18元的价格，而且只要500只电表。

宗庆后抱着近乎绝望的心情，在广州四处寻觅，想多找几个客户。但结果证明只是徒劳。一旦方向错误，再怎么努力，也只是将更多的成本投入冰冷的海水里。

这天，宗庆后拖着疲惫的身体，在路边摊吃饭。后来，他遗忘了那晚的细节，唯独记得邻桌人的聊天让他心生希望，那两个男人谈了整整半小时的海南岛，说那里正在大开发，有很多做生意的好机会。

宗庆后回到住处，研究了一晚上地图。他发现，海南岛和广东很近，都沐浴在最温暖的改革开放春风下。蓦然间，国人熟悉的老话出现在他眼前，"来都来了"！

宗庆后如蒙天启。次日清晨，他没有和任何人联系，就跨过了琼州海峡，直奔海南。随后的一个月里，他几乎如人间蒸发，无论是家里还是厂里都联系不到他。直到月底，他终于带着一份供销合同回到杭州，合同底部赫然盖着海南某国营五金交电公司的印章。

宗庆后的这趟海南之行所获颇丰，其拿下的客户之多遍布全岛。但他并未被眼前的胜利冲昏头脑，为了避免拖欠货款问题，他在海南谈下了这家国有企业，通过合适的让利，将他们发展成中间商。虽然利润少了点，但降低了收款的风险。

那时，中国人的市场经济意识尚未形成，计划经济基因仍然强大，后人习以为常的"代理模式""分销模式"还是新鲜事物。宗庆后靠单打独斗想到的这一招，让全厂人在喜悦之余放下了担心，也为他日后建立星罗棋布的代理经销网络，并将"娃哈哈"品牌迅速推向全国打下了基础。

这次南方经历，让宗庆后意识到企业优秀领头人的重要性。领头人不是随便什么人都能当的，他必须有精准的信息来源、科学的分析力、灵活的应变力，还要有强势的话语权、果断的决策力、迅速的执行力。从计划经济时代成长起来的人，想将这些特质集于一身确实很难，但宗庆后正朝这个方向努力。

宗庆后的海南之行，延续了胜利电表厂的短暂辉煌。当他风尘仆仆赶回杭州时，婚期已然不远。

1980年的五一劳动节，35岁的宗庆后和31岁的施幼珍成婚，这是他生命里最幸福而重要的一天。蜜月尚未结束，宗庆后又接到了催款任务。

作为电表厂唯一的供销员，寻找客户、签署订单和催收货款，是宗庆后全部的工作，几乎无一例外要靠出差完成。每次出差，短则一周，长则半个月甚至一个月。找生意固然艰难，但签下订单后还有更难的事，那就是催收货款。彼时，市场经济法治理念尚未深入人心，企业和个人信用体系远未建立，"三角债"比比皆是，像胜利电表厂这样的小企业，更是被压在债务链条的最底层。

金额明明在合同上白纸黑字地写着，但到了付款时间，就是拿不到一分钱。类似的事情，宗庆后不止一次地遇见。他跟客户反复拉扯，软磨硬泡，一会儿自己唱红脸，一会儿自己扮白脸，总是能把货款一点点"抠"回来。后来，他对货款问题始终耿耿于怀，直到雄踞娃哈哈的版图上，挥舞起"联销体"押金的法度，才彻底解决了痼疾。

1981年，宗庆后觉得电表的生意靠不住了，他和纸箱厂厂长商量着，又建起了杭州光明电器仪表厂。这一次，他主打的产品是电扇。

从"胜利"走向"光明"，名字变了，但规模并未扩大多少。光明厂里还是只有几个员工、几台设备，以组装、焊接的方式来生产电扇。宗庆后的信息网再度派上用场，他到湖南常德的纺织机械厂买来二手铝材，这材料虽然不能工用，但完全符合电扇的民用标准，除去运费，让新创立的电扇厂节约了不少成本。

新厂并未减少宗庆后的工作量，他依然奔波在签单和要账路上，很难停下来思考人生方向。只有偶尔夜深人静时，他会盯着狭窄小屋的天花板出神：难道我会干一辈子供销员吗？

## "我能交 10 万！"

1982 年初，眼看要到除夕，远在内蒙古的一家客户，还是拖着不付款。厂领导们给宗庆后下了死命令，必须回款，不然也别回来过年了。宗庆后顾不上家里，坐了几天的绿皮火车，终于见到客户。

还没等宗庆后开口，客户反而不高兴了："你们的电表质量太差，还要我出钱？"

在当时的生产条件下，产品质量出现问题很正常，宗庆后张口结舌，不知如何回答。到第二天，他悄悄到了客户的门店去观察情况，发现电表质量没问题，出问题的是销售，客户自己的生意不行，就想用这个借口赖账。

宗庆后顿时有了办法。他买下一块电表，去当地电力局检测，很快将检测合格报告放到客户桌前。客户没想到，仅仅过了 24 小时，形势就完全逆转，他疑惑地看着宗庆后。

"你卖不掉的不付钱，咱退了，卖掉的必须付钱。"宗庆后斩钉截铁地说，"我知道你在农行开户。"

客户很快将货款如数汇到了杭州。

这件事发生时，宗庆后的女儿宗馥莉刚出生，正是家中最需人的时候，可他却顶着鹅毛大雪在千里之外的北国奔波要账。他开始觉得，供销员并不适合未来的自己。

1982 年，电扇厂也搞不下去了。和电表厂一样，无处不在的竞争对手,挤压着他们的生存空间。不得已,宗庆后听从安排,再次回到工农纸箱厂,当起了供销员。

他的命运兜兜转转,仿佛原地画圈。但只有宗庆后自己知道,当供销员的这三年带来了怎样的裨益。他参与了两次创业,在那个绝大多数人都有"铁饭碗"的年代,这是无比宝贵的经历。他走南闯北,了解不同地域的市场,熟悉不同行业的规则,拓展出教室和书本永远无法给予的商业视野。他沉浸思考、凝聚经验,开始窥探企业经营的奥秘……宗庆后相信时代,也相信社会必不辜负自己的努力。他要等一场风,好借此直上云霄。

数年后,风呼啸而来。

1986 年,宗庆后的工作单位变成了上城区校办企业经销部。经销部设立在邮电路小学,隔壁是区文教局的勤工俭学办公室,副局长傅美珍常驻此处,她将因此成为宗庆后的伯乐。

在傅美珍印象里,宗庆后家住得很远,但他每天上班都第一个到,然后打扫好办公室。无论上班还是中午休息,他都在看书、看材料、整理档案,从不聊天、打牌。

傅美珍深知人的言行能伪装,但习惯是伪装不出来的。她将宗庆后看成经销部的骨干人才。

这一年,中国的改革步伐加快了。承包责任制先是在农村被证明是行之有效,随后大张旗鼓地闯进了城市。"承包"这个词,通过会议、广播、电视、报纸,走进千家万户,不少亏损高、效益差的集体制小企业,成了承包经营的首批"试验田",面貌也随之焕然一新。

位于沿海的浙江省会杭州,得此风气之先。上城区文教局打算在本系统内物色人才,将经销部也承包出去,挽回多年亏损的颓势。

这年 12 月,经请示上级获批后,选拔承包经理的会议召开了。

说是"选拔",选的范围却有限。教育系统内部会做生意的人本来就屈指可数,而这仅有的几个人都深知情况不容乐观。他们有的是被领导"逼"来参会的,有的只是抱着碰运气的想法,来看看苗头。

唯独宗庆后是真心实意，想要抓住这次机会。

会议开始了，傅美珍开门见山地宣布条件：上城区文教局校办企业经销部，拟任命经理 1 人、员工 2 人。开办费用 18 万元，教育局投资 4 万元，贷款 14 万元，承包者负责偿还贷款。承包第一年，利润指标为 4 万元。

话音刚落，会场上传出一阵小声议论。三个人，一年创利 4 万元，这甚至远远超过大型国企的销售指标啊！

只有宗庆后面色淡然，他观察着会场上每个人的表情。有人意外地张开嘴巴，有人尴尬地低头看着空白笔记本，也有人流露出早就不出所料的神情，却无一人敢发声。

正当会场上的气氛快要降到冰点时，宗庆后开口了："我可以干，而且，我干就不是创利 4 万元了，我第一年能交 10 万元利润。"

大家都惊呆了。4 万元已是难以跨越的障碍，10 万元简直就是不可思议的呓语！宗庆后凭什么敢夸海口？

这一刻，宗庆后谋划已久。虽然傅局长对他颇为器重，但其他人也受到其他领导看好。宗庆后认定，只有开出这样的价码，才能将潜在竞争者的勇气瞬间打垮，拿下经销部的承包权。

宗庆后不是在胡言乱语。这几年来，他走南闯北，所听、所见、所想，汇聚在一起，使他预感到社会经济的运转节奏将会发生巨大变化，市场能发挥的力量将远超往日，即便一年拿下 10 万元利润是个美丽的梦想，但毕竟涂抹这片梦想的画板已经有了，只要有一分可能，自己就必须付出十分努力，鼓起百分之百的勇气！

没有人敢和宗庆后争。傅美珍顶住了会上和会后的争议，将经销部的重担交给了 41 岁的宗庆后。正式任命那天，她郑重其事地拿出"校办厂经济承包合同书"，合同上的数字清晰而准确：1987 年总利润目标，10 万元。

合同书下方的甲方落款位置上，已盖上了鲜艳的单位红章，"杭州市上城区文教局"赫然入目。这些年来，宗庆后不止一次地看到这枚红章，唯独这次，它以平等的形式，带着信任与嘱托，出现在甲方的位置。宗庆后拿起笔，毫不犹豫地在乙方位置签下自己的名字。

　　傅美珍拿着这份合同，说道："我们约好：你好好工作，后面的事，我给你做后盾；你出了事情，我负责。"

　　这份合同书，如今被珍藏于浙商博物馆。[1]它始终在提醒人们，娃哈哈的诞生源头，是价值 10 万元的承包目标，也是一个中年男人向组织立下的诺言。

---

　　[1]杨轶清主编. 千年·千万 浙商的世界 浙商博物馆馆藏精选 [M]. 杭州：浙江工商大学出版社, 2016：29.

## 当保灵来敲门

1987 年 5 月 1 日，杭州市清泰立交桥北侧，清泰路 160 号，一处不起眼的六层办公楼前，悄然挂出一块白色招牌，上写"杭州上城区校办企业经营部"。这里是清泰小学的旧址。签合同时，傅美珍对宗庆后说："学校拆了，旧房子派不上什么用场，你们到那儿开店吧。"

流逝的时间和不变的地点，在这里交汇碰撞，描摹出后人对娃哈哈的最初记忆。

七年前的 5 月 1 日，宗庆后携手施幼珍踏入婚姻，而今，这个日子又增添了新的纪念意义。但他无暇品味这份巧合，埋头走进楼里，开始第一天的工作。此后，直到 2023 年末，这里都是娃哈哈集团总部，也是宗庆后运筹帷幄的阵地。

刚成立的经营部就像刚出生的娃娃，让人日夜挂念操劳。整个经营部只有三个人，除了宗庆后，只有两位女同志，一位是会计，另一位是出纳，其他所有重活儿累活儿，都得他亲自上。

为节约时间，宗庆后干脆将妻子女儿接来住。这个小家被安顿在旧教室里，提前预演了七年后全国热映的电视剧《过把瘾》。与浪漫的剧情相比，宗庆后的体验更为平淡，因为他们足足住了九年。

经营部交到他手中时，主要业务是向全区各中小学供货，大都是些不起眼的铅笔、橡皮、作业本，单品利润低到要用"厘"来计算。宗庆后清楚，利润越低，就越是要维护好客户，只要需求量增加，就能带来利润的增长。身为新官上任的经理，他没有点"三把火"，而是继续跨上三轮车送货。上城区的大多数学校，他早已熟门熟路，和校长、总务主任们都是老相识，如今虽当了经理，却还在一如往日地蹬三轮，这让所有人都对他刮目相看，也对校办企业经营部倍添信任。

正值初夏，宗庆后还想开发新生意。他听说湖州有家百年老店，叫震远同食品厂，一直想将其新推出的棒冰、汽水推进杭州，却始终受阻。为此，宗庆后特地请示傅局长："能不能引进新冷饮品种？"傅局长说："只要不违法，都可以！"宗庆后主动出击，拿下对方在杭的代理销售权。

杭州是有名的"火炉"，夏天的生意不好做。棒冰来了，宗庆后拿出当年盐滩上练出的力气，顶着烈日，用最快速度运到冷库里。一头是 35℃ 以上的高温，一头是零下十几摄氏度的低温，他进进出出，被迫感受着创业带来的冰火两重天滋味。有时候，货刚卸完，学校小卖部的电话就来了，他连汗都顾不上擦就重新穿上厚重的军大衣，一头钻进冷库，把成箱的棒冰、汽水搬上三轮车，立刻送过去。等到汽水卖完，他还要再骑车过去，和对方算好账，将沉甸甸的空瓶成箱拉回。

如此来回折腾，利润究竟有多少呢？棒冰售价 4 分钱一支，汽水 1 毛钱一瓶，与文具、作业本相比，利润总算提高了。宗庆后住在这栋小楼里，辛苦奔波了整个夏天，为经营部获得了上万元的毛利。

然而，距离合同上的 10 万元目标，还是很遥远。

宗庆后并不担心。他宽慰两位女下属："别看这些东西小，就是因为食之无味，弃之可惜，人家不想做，才能由我们做呢！"

他说这话时底气十足，因为已经有人来"敲门"。

这些年来，三弟宗泽后也在迅速成长。26 岁那年，宗泽后进入杭州利民制药厂担任销售员。他的业绩增长很快，被破格提拔为见习副厂长，组建起了十余人的营销团队。到 1987 年时，宗泽后调任杭州保灵公司，担任销售负责人。

保灵公司，是老杭州人都熟悉的名字。此时，这家公司风头正劲。

其创始人朱成鹏、任光慧、沈惠琴被时人称为"保灵三杰"[1]。他们同属"老三届"[2]，都经历过插队、劳动。1982年，当年龄更大、经历更艰苦的老知青宗庆后还在到处推销电表、电扇时，他们已组建了蜂花粉产品科研攻关小组，为了检测蜂花粉的营养成分，查阅了大量国内外文献资料，千里跋涉于大江南北。

1984年，"三杰"研制出全国第一款蜂花粉营养食品"保灵蜜"，消息由权威新闻媒体新华社播出。1985年，中国杭州保灵公司获批组建，初始股东包括三家国资企业，在杭州半山脚下建立了厂房，被列为"国家星火计划示范企业"，其实力相当雄厚。

此后，这家公司屹立时代潮头。1994年以整体资产和澳大利亚、新加坡外资合资，成立杭州澳医保灵药业有限公司，其"保灵"商标从1997年就被评定为浙江省著名商标。到2013年9月，保灵集团公司被上市公司仟源制药以3.7亿元收购，开始书写新的品牌历史……

保灵的故事相当精彩，对宗庆后来说，最精彩之处在于和娃哈哈有关的那部分。

1987年，保灵公司推出"中国花粉"口服液，产品选用了优质天然蜂花粉和新鲜蜂蜜，具有丰富的营养成分和生物活性物质。这款产品准确地击中了民族文化的基因，顺应消费者的心智认知，也踏准了社会发展的节奏。在将近十年的改革开放后，江浙沪地区的农民富裕了起来，城市个体户、合资企业职员，乃至于大多数普通市民的家庭里，有了过去不敢想象的财富积累。翻开存折，少则四位，多则五位甚至六位的存款数字，让这里的人们尝试着踏出享受生活的第一步。老年人追求延年益寿，中年人想要滋阴补阳，"青春宝""延生护宝"之类的品

---

[1] 张岳透，等. 新一代企业家 浙江电大毕业生人物志 第1辑 1979-1989[M].
杭州：浙江文艺出版社，1989：1.

[2] 老三届指1966届、1967届、1968届三届初、高中学生。

牌层出不穷，而"中国花粉"口服液在"保灵三杰"的指挥下另辟蹊径，将营养保健品的消费群体扩大到儿童。

祖国的花朵，当然要去学校寻找。为打开杭州学校市场，在宗泽后的牵线搭桥下，保灵公司接触到了宗庆后。他们充分调查了经营部的资质和口碑，决定开展合作。

保灵前来敲门，命运才开始真正向宗庆后示好。早在回城之前，他就领悟到，所有的辛苦都不会白费。如今，他油然而生一种强烈的预感：自己夸下的 10 万元"海口"，很快能实现了。

第三章

# 初试啼声，争当市场开拓者

沉浸在《娃哈哈》这首歌的回忆里，宗庆后不再是宗厂长，也不再是品牌的创建者，他仿佛回到了 30 年前，自己依旧只是校园里的普通孩子，在阳光下感受着春风带来的温暖。不用再挑选了。宗庆后将"娃哈哈"定为品牌名称。

## 灌装线，"说谎"也要上

1987 年夏天，中国保灵向宗庆后伸出热情的双手，他们看重这家经营部的官方背景和校园市场，急切地希望以此为突破口，占领儿童营养品消费市场。

宗庆后没有被这份示好冲昏头脑。他仔细地了解花粉口服液的来源和作用，然后向保灵提出了建议。他说，父母肯定是爱孩子的，但以大多数家庭的经济条件，如果每个月都给孩子买几盒这样的产品，一年下来开支也不小，普通家庭无法持续。保灵想扩大销量，就要设法降低成本、压低价格。

宗庆后的声音来自校园市场营销第一线，让"保灵"不由得认真审视这个新合作伙伴的建议。很快，花粉口服液的简装产品推出，价格也随之下降，一箱箱产品从经销部流入上城区各学校的门店，陈列在货架最显眼的位置。

毋庸置疑，这款新产品的销售，得到了上城区教育局的支持。有一次，傅美珍在全区校长会议上坦诚相告，这次销售是为了补充教育经费的不足，请各位领导给予支持。但她同时也强调，销售过程中不能侵犯学生的利益。

社会层面的消费升级背景，集体层面的宣传发动力量，再加上个体家庭的拳拳父母之心，使保灵花粉口服液在随后的三个月内创下销售纪录。宗庆后带着经销部奔忙于上城区的 40 多所中小学，最终销售出 120 万盒产品。不消说,那 10 万元的年利润目标,已经被宗庆后一举拿下!

喜人的成绩,让大家脸上难掩兴奋之色,唯独宗庆后仍在思考。当他看到订单纷至沓来时,一个大胆的想法浮现在脑海:既然我能代销售,为什么不能代产?他向保灵试探,对方正为产能跟不上订单的增长而发愁,很快接受了提议。

宗庆后将想法写成报告,题为"关于筹建保灵儿童营养食品厂的设想",提交给教育局,局领导随即上报给杭州市计划委员会。1987年 7 月 4 日,杭州保灵儿童营养食品厂诞生了。

这是一家不起眼的小厂,谁也没想到它日后将成长为中国食品饮料行业的巨头。宗庆后以校办企业办公室的名义,从银行贷来 10 万元的启动资金。上城区教育局也倾注了心血,主动提供了生产场地。

有了钱和地,工厂还要有人。宗庆后聘用了一些教育系统职工家属,又招收了十来个农民工,总共 30 人,整个儿童营养食品厂初显雏形。虽然与真正的保灵相比,这家"保灵"显得有些小打小闹,但对宗庆后来说,这已经是他在短短数年内的第三次飞跃:从听人驱使的供销员,到独当一面的经理,再到拥有资金、场地和员工的企业领导。在他眼中,原先封闭狭隘的世界,突然变得开阔起来,他所想的不再是卖一批电表、催一单回款,也不再是那曾经耿耿于怀的利润目标,而是属于他和身边所有人的大好前程。

为了尽快开工,保灵公司表示,愿意帮助营养食品厂建造一条灌装生产线,成本需要十几万元。当时,厂里的资金总共只有这些。投进去,就意味着将所有的鸡蛋放到一个篮子里;不投,就很可能永远错过大好良机。

二选一,宗庆后的答案简单明了:上!

换成别人,可能会望而却步。作为承包人,能拿下头年的 10 万元利润目标已经足够了,继续踏踏实实将代销商做好,还能当个有钱人,又何苦再把人生都当成筹码,押到代生产上呢?

如果宗庆后也这样想，世界上大概就不会有"娃哈哈"这个品牌。所有的人生经历，早已帮他奠定了创业的基本思维模式。他不在意眼前赚多少，但在意是否能拥有独立发展的资本。具体到厂子的建设上，如果有了属于自己的灌装线，未来将"天高任鸟飞"；如果没有，就会永远"寄人篱下"。

答案如此明了，宗庆后别无选择。不过，当他即将面对傅美珍局长时，他还是犹豫了。他的思绪飞回一年前……

宗庆后表态后，会议匆匆结束。文教局领导闭门商议最终人选。局班子领导对宗庆后的履历、工作和家庭情况都很了解，相信他的人品和能力。但是，这个岗位毕竟要从文教局手中接过4万元的启动资金，那可是文教局最后的"子弹"了，宗庆后已然年过四旬，还只有初中文凭。把所有家底都交给他，真的可靠吗？

激烈争论中，傅美珍不仅分析了宗庆后的优势，还宽慰持有怀疑态度的同事。她说，正因为这4万元是校办工厂赚来的钱，是文教局的"私房钱"，不是上级拨款，才能放手一搏，大胆地投进去。她又说，宗庆后这个人有很强的责任心，就算会失败，也要允许他去试，否则谁也不敢接手承包……

想到这里，宗庆后更加犹豫。出于对自己的信任，傅局长背负过力排众议的压力，这次投资生产线的事情，宗庆后不想让傅局长再扛太多。

宗庆后给教育局打报告，申请将厂里的利润资金投入到生产线建设。没人察觉到他说谎了，报告里的投资额度减到了5万元。

宗庆后很清楚，如果生产线运转正常，利润持续增长，教育局从中获利，自然万事大吉；一旦投资失败，所有的罪过都将归结于他的谎言。但时不我待，保灵公司并非没有别的选择，他的眼前只有华山一条道，他必须上！

这个外表忠厚老实的汉子，在关键环节上撒了善意而大胆的谎，担下了所有的责任。

教育局的回复很快传来。傅美珍说："企业赚了钱，应该投入扩大再生产里，我支持！"

1987年11月，清泰街160号建成了灌装车间，面积超过300平方米的厂房里，崭新的口服液灌装生产线紧张有序地运行，日产量很快达到1万盒。到年底，这条生产线总共生产出了180万支口服液，产值超过270万元。此时，距离宗庆后第一次来到这里，仅仅过去六个月。

到年底，宗庆后上交给教育局出色的成绩单，校办企业经营部共上缴利润22.2万元，比他预定的目标超出了一倍。现在的经营部，再也不需要他亲自送货，而是拥有了食品商店、五金家电商店等下属企业，还有生产用房、营业用房，企业的净资产超过800万元，员工也从曾经的2名增长到130多名。

表彰、奖励、祝贺的声音，一时间涌入了宗庆后的耳中。但他并没有忘乎所以，而是被另一种声音所吸引，那是来自他心底的声音：一直走花粉口服液的路，真的对吗？

# 三顾茅庐求配方

对企业而言，真正的竞争力并非来自规模和利润，而是来自战略。

1996 年，哈佛大学商学院教授、企业管理学家迈克尔·波特在《什么是战略》一文中，提出"战略就是创建价值独特的定位"理念。此后，"定位之父"、营销大师杰克·特劳特进一步提出，战略就是企业如何在顾客心智中建立差异化定位，由此引领企业内部的运营。

一言以蔽之，企业想要活得更久、活得更好，必须有真正的不同点，做真正的自己。

1988 年，当宗庆后凝视着眼前的流水线时，企业战略定位学说远未出现。他甚至连"商学院"三个字也未听说过，更讲不出高大上的商业名词，但他的内心始终在躁动，总有种难以名状的不安感。

这种不安感来自他的潜意识，也来自责任心。

人在少年时代经历过真正的饥饿，往往会对潜在的风险保持终身警惕性。当下，每加工 1 盒口服液，这家企业就能赚 1 毛钱，靠着数量的增长，利润倒也不错。但在宗庆后看来，这就像自己当年走街串巷爆炒米、卖红薯，只要手停下来，利润就随之中断，很可能连生计都没了。

宗庆后如今不再只是承担小家庭的男人，他的言行决断，动辄关系到 130 多名员工的收入，乃至影响整个上城区教育局经济层面的未来，他怎么可能不为之担忧呢？

这种不安感源于自我提问，也源于答案的不确定性。

从企业的战略定位角度分析，花粉口服液是一种新产品。在当时，它依靠特定条件和特殊渠道，在短时间内畅销一时，但很难说其深刻植入了消费者的心智，也没有区别于其他所有营养保健产品的品牌壁垒。那时的宗庆后虽然说不出这些，但总会扪心自问：如果花粉口服液不行了，我能带着这个厂去做什么？答案，总是久久的沉默……

最大的不安感，还是来自宗庆后在销售一线听到的声音。

当时，国人近乎癫狂地推崇各类营养品的功效，1988 年初开始席卷上海的甲肝病毒，更是以 35 万病例的惊人数字，助推了营养品消费的热潮。花粉口服液是其中的受益者，也自然而然地被放到聚光灯下审视。有人提出，孩子喝花粉固然有好处，但它富含植物激素，会对孩子产生早熟的副作用。

质疑的声音并不大，但宗庆后记在心里。他通过合作渠道，向"保灵三杰"反映，建议他们能推出新产品。遗憾的是，保灵并未采纳。

现在，留给宗庆后的时间不多了。无论代加工企业规模多大，一旦加工的产品口碑动摇，首先受损的将是身为依附者的自己。

傅局长对双方之间的争论有所耳闻，愿意出面协调。在她的带领下，宗庆后带着下属到保灵公司厂区参观。参观结束后，宗庆后反而越发想要出走了，因为他发现保灵的生产工艺、技术水平并没有多少高超之处，只要愿意，谁都能做出来。

回去的路上，宗庆后就对傅美珍说："我们自己也可以做，自己研制！"傅美珍对他充分信任，再次投下意义非凡的赞成票。

考察归来，宗庆后豪情壮志，决心尽快开发新产品，打造独立品牌，将命运掌握在自己手中。

灌装生产线来之不易，宗庆后还想继续走营养液生产路线。他对当时市面上 38 种营养液逐一调查，发现全都是老少咸宜的定位，产品功能的覆盖面广，细分并不明确。宗庆后又复盘了保灵的花粉口服液，发现这款产品并非专为儿童研发，营销成绩增长后，也就必然会遭遇质疑。

此时，科学界传来了最新研究数据。1988 年 5 月，《杭州日报》刊登的一组数据显示：在全国 3.5 亿中小学生中，有三分之一的孩子营养不良。在浙江省 8~12 岁的儿童中，有 47% 的孩子营养不良。这组数据来自时任中国学生营养促进会会长、著名营养学家于若木先生。

种种信息说明，儿童营养口服液有着明确的市场定位，竞争也不算激烈，还有很大潜力能挖。只要能找到更平衡的配方，使产品既具有营养功效成分，又避开"激素"之类副作用，就一定能做成功。

宗庆后比不上保灵，企业没有任何研发力量，但他有坚韧不拔的求教精神。托人介绍之下，他很快见到了朱寿民教授。

在中国医学营养学史上，朱寿民的名字具有标志性意义。他出生于绍兴中药世家，1948 年从浙江大学毕业，专修生化营养、食品制造。从 1951 年开始，他就在浙江医学院执教，直到 1985 年在浙江医科大学建立了医学营养系，成为第一任系主任。后来，他还担任了浙江省营养学会理事长、国际营养学会主席，并设立专项基金鼓励学术后辈……

宗庆后找到朱寿民，确实是找对人了。为表诚意，宗庆后第一次去拜访朱教授时，就带上了 5 万元研发资金，并详细介绍了自己的企业，分析了市场的需求，描述了自己对产品的构思设想。

宗庆后一心想为孩子做事的态度，打动了朱教授。但朱教授此时已 63 岁，不愿贸然承诺，他提出想去企业看看。

在保灵儿童营养食品厂，朱教授走在教室改建的厂房里，目光扫过那条唯一的流水线，目光闪烁，一言不发。

宗庆后等不到结果，便二次、三次登门拜访。朱教授坦率地说，他也想将毕生所学汇聚到商业成果中，改善孩子们的营养状况，但担心的是企业实力薄弱，无法达成目标。

宗庆后尊重知识分子的严谨态度，但他有不达目的不罢休的精神。他一次次找到朱教授，坚持说，厂里的物质条件只是暂时的，自己有必胜的信心，也愿意付出艰辛的努力，这是最重要的。

或许是在一次次恳切的交谈中，朱寿民对宗庆后加深了了解，也可能是宗庆后从企业经营角度的分析让朱教授明晰了成功的可能。不久后，双方终于确定了合作。朱教授收下了 5 万元开发经费，在合作协议上郑重地签下了名字。

这次来之不易的合作，意味着这家名不见经传的小厂终于能携手专业技术力量，也代表着宗庆后的儿童营养液之梦，终于有了实现的可能。

# 从胡庆余堂挖人

合作开始后，宗庆后向朱教授明确提出几点要求：

第一，面向儿童，要以天然食品为原料，且不含任何性激素。

第二，重点补充蛋白质和营养元素。

第三，促进少儿食欲，减少挑食、厌食。

朱寿民长期研究中医学、传统药膳食疗学说与现代营养学理论，在他的调配下，实现这些并不难。他带领助手团队，将中国传统食疗"调和阴阳、补益五脏"的理论与现代营养学相结合，进行反复实验论证，从数百种原料里遴选出数十种，又从数十种里筛选出 7 种原料，主要包括桂圆、红枣、山楂、莲子、胡桃、米仁和鸡肝，组成了最终配方。

1988 年 6 月，宗庆后拿到这份配方，激动地连声道谢。这薄薄的一张纸，花费了企业 5 万元，在当时，这并不是个小数目，但宗庆后却觉得太值了。后来的事实证明，正是这张配方单，铺垫了整个企业的升华。

在仔细研究配方内容后，宗庆后定下了宣传营销的方向，即在食品标签上主动标明钙、铁、锌等微量元素的含量，以及在此基础上的适当添加量。

其实，按当时的食品安全监管政策，食品生产企业不必标注产品的详细营养成分，很多小企业也缺乏能力去测算营养元素含量的数值。但宗庆后认为，市场逻辑与研发逻辑、生产逻辑不一样，如果在宣传中单纯列举传统原料，无法达到应有的影响效果，难以满足客户心理需求。只有结合流行的"微量元素"概念，让人们切实了解孩子吸收到的具体成分，才能建立产品独有的特质，保证市场占有率。

类似标注方式，后来成为娃哈哈产品的传统，直到推出"营养快线"时也依然保留。

确定配方只是第一步，从样品到批量生产，再到占领市场，还有一个个难关等着宗庆后去逾越。以生产中的投料工艺而言，以何者为先，何者为后，就大有讲究。再具体到煎煮方法、核心温度、液体过滤等工艺技术，如果不是营养液制作工艺的专业人才，很难挑起大梁。

这样的人才，宗庆后是"借"来的。

在杭州，说起中药，几乎每个人都会想到胡庆余堂。清朝末年，著名的红顶商人胡雪岩创办了这家百年老店，以"戒欺"的店训，培养出一批批制药人才，技师张宏辉就是其中典型。

张宏辉刚满 30 岁，是胡庆余堂高新产品组的普通技师。1987 年，通过共同的朋友，他认识了宗庆后。彼时，宗庆后刚开始代加工生产花粉营养液，急缺技术人才，便想方设法联系上胡庆余堂。1988 年 6 月，张宏辉被借调到宗庆后的麾下，负责研发生产技术。

张宏辉后来回忆说："说实话，当时胡庆余堂是个老国企，效益很好，我借调到杭州营养食品厂只是想出来看看自己的真实水平。"这个愿望很快就实现了，宗庆后严肃地将配方交给张宏辉，也将儿童营养液的技术开发重任交给了他。

营养液的生产方式大同小异，基本上都是将原料煎煮成汤，随后沉淀、过滤。张宏辉采取了中药提取的翻斗锅生产工艺，煎煮步骤异常顺利。到了沉淀过滤时，他想用乙醇提纯，却遭到了朱寿民教授的反对。

朱教授表示，成人营养口服液的生产大多采用乙醇提纯，消除渣滓杂质后，再将乙醇回收，这无可厚非。但不论工艺如何成熟，在口服液的成品中一定会残留乙醇，这对儿童的身体影响不好，也有违配方的初衷。

宗庆后支持朱教授的看法。随后的两个月里，他和张宏辉每天都泡在厂房，想找出新的提纯方法。朱教授建议他们用离心法，但厂里没有昂贵的离心机，为了做实验，宗庆后干脆将厂里的洗衣机搬了过去。刚开始，洗衣机的离心过滤效果不错，直到某天晚上，不堪重负的洗衣机在一阵高速旋转中轰然报废……

离心法不能用了，他们又开始了苦苦寻觅。某一天，张宏辉的目光被仓库角落堆放的鸡蛋吸引了。儿童营养液配料需要蛋黄，蛋清却闲置着。在胡庆余堂，张宏辉曾做过实验，用明胶提纯中药，效果还不错。他想，既然蛋清和明胶都是胶状物，应该也有类似作用。

实验很快就证实了张宏辉的想法。他将蛋清和原液混合后，再缓慢加热，蛋清逐渐凝固，吸收了所有不溶于水的原料残渣，原液变得一片澄清。

蛋清提纯法健康、自然、简便、高效，有种种优点，但只有一个缺点，那就是废鸡蛋。彼时，国内的很多居民购买鸡蛋还要凭票供应，而在此之前和在此之后，也没有任何营养液产品使用这种方法。如果采用这种工艺，每生产 1 万盒儿童营养液，就要用掉 50 公斤蛋清，这起码要耗费 100 公斤鸡蛋。

彼时的食品安全议题并未被炒成舆论热点，普通消费者也不会质疑营养液的提纯工艺。但宗庆后还是果断同意了"蛋清提纯工艺"。面对员工们疑惑的眼神，他解释说，蛋清本就是生产过程中用不上的，储存、处理都很麻烦，用来提纯可谓物尽其用，对于品牌影响力的价值，就更不能用金钱来计算了。

带着完成任务的喜悦，张宏辉前来告辞。宗庆后这才想起来，他的借调时间只有三个月，眼看快到了。为了挽留人才，宗庆后再次"三顾茅庐"，费尽口舌想要让张宏辉留下来。但胡庆余堂是百年老店，是堂堂国企，吸引力显然比宗庆后要强。

　　最终，宗庆后做出了让所有人难以置信的事。他看到张宏辉家居住困难，果断将区教育局分配给自己的一套三室一厅单元房让给了张宏辉，自己一家三口继续蜗居在 10 平方米的旧屋里。

　　在那个年代，很少有人能拒绝三室一厅，更没有人能拒绝这样的看重和诚意。张宏辉被深深感动了，他接受了宗庆后的挽留，也结下了自己和娃哈哈的情缘。他从此扎根这里，从骨干成为元老，直到 2019 年从杭州娃哈哈饮料有限公司总经理的位置上退休。

　　配方有了，工艺完善了，但宗庆后仍没有同意批量化生产。这年初夏，杭城的骄阳如约而至，他紧锁眉头，在上城区教育局的一间旧仓库面前久久伫立。

# 改建的冲锋号

1988 年盛夏，宗庆后在苦苦寻觅儿童营养液生产拼图的最后一块碎片。

眼前，一座崭新的原液生产车间拔地而起。在短短两个月内，工人们加班加点工作，将旧仓库建设得初具规模，但宗庆后总觉得还缺少什么。在他手中，有顶级专家研制的配方，有高级技师研发的工艺，但这座车间里的设备流程是否科学，是否能将工艺执行到位，将配方完美呈现？

为保灵代工的一年里，他从零开始了解灌装生产线，经过数百个日夜锲而不舍的付出，他早已从门外汉变成了业内人。越是如此，他越是不太放心。

苏格拉底说过："我唯一知道的就是我一无所知。"即便被时间证明大获成功的创业者，在其起步阶段，也不可能拥有全知的视角。宗庆后同样如此，他出生于知识分子家庭，终身葆有良好的学习和创新习惯，但错过了最好的求学时机，没能踏入那时被看成象牙塔的大学校园。他缺失了高校经历，为此倍感遗憾，但也有效避免了高学历创业者身上极易出现的自负情结，反而时刻保持清醒，直面自身知识结构的不足，并虚心尊重市场规律、求教专业人士。

这一次，他求教的是顾馥恩。

顾馥恩，某制药厂高级工程师，此时刚刚退休。她在医药营养界工作了三十多年，有非常宝贵的专业经验。由于长期接触药物，加上不完善的实验室条件，顾工付出了沉重的代价，不幸罹患再生障碍性贫血。顾工为健康事业奉献了一辈子，到晚年却没能保护好自己的健康，她的职业热情犹如撞上了冰山。从退休的那一天起，她就暗暗发誓，再也不碰老本行，而是养好身体安度晚年。

但人总是被事改变，当退休的顾工碰上了创业的宗庆后，她原本笃定的计划改变了。经人介绍，她了解到对方的不易，话里话外也说的都是儿童健康，便觉得走一趟也没什么关系。

在顾馥恩踏入车间之前，她都没有想过会再来第二次。但当她的眼前出现崭新的设备和流水线时，她吃了一惊。按照她的经验，这样的车间，从项目报批、审核到设计、安装、建设、调试，没有两年时间是完不成的，而宗庆后他们却只干了两个月！

顾馥恩怀疑自己记错了，又和宗庆后确认一遍。宗庆后平静地复述着自己如何身先士卒加班加点，抢在两个月内完成了建设任务，他语气平淡，毫无夸耀，就像在说别人的故事。最后，他恳切地请求顾馥恩不吝指教，多挑挑毛病。

顾馥恩忍不住对眼前的宗厂长刮目相看。此前，她只是磨不开，打算来随便看看，提两条无关痛痒的建议，不会介入太深。但面对这样的宗庆后，她决定拿出真本事，这既源于对宗庆后的认可，也出于自身的职业习惯。

从业三十多年的高级工程师，有一双火眼金睛。顾馥恩稍微认真看了下，立刻就指出了生产布局的缺陷与不足。她指指点点，宗庆后跟在旁边，像实习生一样一一记下。

最后，顾馥恩停住脚步，皱起眉头："小宗啊，你这个车间，如果改建，恐怕比新建还要困难。"她没有夸大其词，改变工艺的任何一个环节，都意味着变动原有的操作流程，需要测算数据、移动设备，说不定还会遭到熟练工人自觉或不自觉的反感抵制。

宗庆后刚想开口，顾馥恩摇了摇头，她已猜到对方想说什么："如果我年轻 20 岁，如果我身体健康，我或许还能给你们一些具体的指导帮助，可我现在……已经不允许了。"

宗庆后沉吟了一会儿，失望、焦虑的神情依次从他脸上掠过，但他随即下定决心，坚定地说道："顾工，请你相信我，给我一个月的时间，一个月以后，你再来看看！"

顾馥恩知道，一个月时间几乎是不可能完成整改的。但面对如此诚恳的企业负责人，她不忍心说出真相，只好勉强答应了。

顾馥恩从未发生过重大工作失误，这次却判断失误了。她不知道，宗庆后虽未进过大学，但学识早已今非昔比。他返城后不久，就考上了函授大学经济管理专业，在刻苦学习后获得了大专文凭。她也不清楚，仅仅一年多的同甘共苦，这家企业的上百号人早就紧密凝聚成集体，唯其马首是瞻，宗庆后指出的方向，就是这些人奋斗的目标。她更没有想到，宗庆后将她的每句话都深深烙进脑海，他将这次指点看成了决定企业未来命运的决战号角！

顾馥恩走后，宗庆后召集了全体干部与工人开会。他面色凝重，声音低沉，他告诉大家，这次整改只能成功，不能失败。成功，面前是康庄大道，儿童保健品市场将会张开臂膀，欢迎闯过重重难关的英雄。失败，则会坠入万丈深渊，无情的经济规律会用鲜血淋漓的亏损，惩罚松懈懒惰的输家。

会场顿时鸦雀无声。随后，宗庆后将整改计划分成具体项目，一一规定期限，指定专人专组负责并分别立下军令状……

一个月，在人的一生中是短暂的，但在娃哈哈创始团队成员的集体记忆里，1988 年 8 月却是漫长的。全厂职工暂时丢下了家庭，忘记了休息，将时间和精力投入生产线的整改中。

9 月，当顾工应约再次来到厂里时，她震惊了。她设想的所有困难，都没能阻挡宗庆后前进的脚步，她豁然发现，清泰路 160 号这栋不起眼的小楼里，集结了非同一般的力量。

从此，顾工忘记了曾经的"誓言"。她不顾体弱多病、家人的说服劝阻，也谢绝了宗庆后要为他配专车的建议，每天挤公交车来厂里工作。随着生产节奏越来越快，她不断延长个人工作时间，有时忙到深夜 12 点还在办公，根本无视宗庆后对其加班的"禁令"。

顾馥恩全身心投入新角色中，她并不是为了宗庆后，也不是为了这家企业，而是为了建造一条具有先进水平的儿童营养液生产流水线，在中国保健品生产历史上留下浓墨重彩的一笔，留下自己的名字。

凭借对儿童营养口服液产品的共同期待，与宗庆后命运联系起来的名字，又何止顾馥恩一个呢？傅美珍、宗泽后、朱寿民、张宏辉……在不同时间节点上，越来越多的人被这个中年男人打动，贡献各自的眼光、能力与才华，只为铸就影响深远的品牌。

正因如此，对这个品牌，宗庆后选择了最特别的命名方式。

# 烧钱，赌这场未来

1988 年 6 月 16 日，杭州人翻开当天日报的科教版，一条广告映入眼帘："一种高效能的儿童营养液，已在杭州保灵儿童营养食品厂试制成功，特向社会各界征集产品名称及商标图案……"

一家规模不大的集体企业，主动在省会城市日报上刊登广告、有偿征名，这在 20 世纪 80 年代属于新鲜事，也属于"烧钱"的事。虽然绝大多数创业都绕不开"烧钱"的阶段，但从没有人想到宗庆后会以这种方式开始"烧钱"之路。更何况，此时他手中还没有真正的产品，只有配方。

对此，宗庆后自有打算。付出高额广告费之前，他就权衡妥当：如果能通过有奖征名，获得合适的产品名字，这钱就没有白花。万一征不到好名字，人们也通过这条新闻了解到杭州保灵儿童营养食品厂的新产品，还会出于好奇，进一步关注品牌，这钱，同样没白花。无论如何，广告费投下去那一刻，宗庆后就得到了回报。他身为家中长子，很早就跟着母亲学会操持家庭的生计，学会将每一分钱花到节骨眼上，在创业之际，这习惯变成了自然喷涌的灵感，也变成了"娃哈哈"的由来。

广告登出后，引起了很大的社会反响，许多人对这件事都很好奇。但总体而言，议论者远远多过参加者。绝大多数普通市民连"品牌营销"都不知道，自然难以鼓起勇气参与其中。而尚未褪去精英光环的知识分子，或者犹豫，或者胆怯，不敢任灵感的火花燃烧。

即便如此，宗庆后还是在很短时间内收到了 60 多封来信。

这是多么宝贵的来信啊！产品的配方可调整、工艺可实验、设备布局可修改，但品牌名称只能有一个，确定则不能更换，更换了也很难见效。或者打响，或者归零。正因如此，宗庆后不希望由某个人或某一小群人来设计，而是寄期望于全社会，这也是他多年苦读《毛泽东选集》之后领悟的智慧。

宗庆后请来省市两级多家新闻单位的记者，组成"新产品名称专家评审组"，对 200 多份作品逐一论证筛选。

论证当天，杭州保灵儿童营养食品厂一楼的大教室里，60 多封来信被摊放在桌上，这里蕴含着 60 多个创意，每个创意都可能是打开市场宝库的金钥匙。工作人员逐一打开信封，将纸上的名字抄到黑板上，记者们围坐在课桌拼成的大桌前，对着数量逐渐增加的名字讨论评判。

这天，《杭州日报》科教版记者朱建苏也在场，他看着黑板上那些用词漂亮的品牌名字，总感觉有似曾相识的味道，"素""精"，听着像秦始皇苦求的不老药；"灵""妙"，又带上了求神问佛的色彩；"宇宙""华夏"，感觉过于宏大；"福""运"，似乎像古人穿越而来……

突然，他的目光扫过"娃哈哈"三个字，仿佛一阵清新之风扑面而来。朱建苏脱口而出："这个名字好，有特色！"

他的看法，没有得到在场人士的普遍支持。有人提醒他，征名广告说得很清楚，品牌名称只要求两个字。朱建苏坚持己见，说哪怕"哈哈"都不错，因为这两个字朗朗上口、易于记忆，尤其精确地指向了儿童这一消费群体。相比之下，其他备选名字或者缺乏特色，或者大而无当。

朱建苏的看法与宗庆后不谋而合。这天傍晚评审结束后，记者们从 60 多个名字里选出了四五个名字，报给宗庆后。无人知晓他看见"娃哈哈"时的细微表情变化，毕竟在此时，全厂上下都为即将上市的产品忙碌着。但回溯历史时，人们才发现他的选择并非偶然。

"娃哈哈"这三个字，与宗庆后这代人的情感紧密关联。1954 年，新疆的维吾尔族艺人传唱出一段特别的旋律，它节奏鲜明、情绪欢快，令人听之难忘。作曲家石夫在采风时记谱、填词，创作出儿歌《娃哈哈》。1956 年，歌曲首次发表，不久后选入小学音乐课本，传遍了神州大地。无论是城里的机关幼儿园，还是乡下的村民校舍，随处都能听到稚嫩的声音在欢唱：

"我们的祖国是花园，花园里花朵真鲜艳，

和暖的阳光照耀着我们，每个人脸上都笑开颜。

娃哈哈，娃哈哈，每个人脸上都笑开颜。"

此时，朝鲜战争已结束三年，中苏交恶尚未到来，社会主义建设蒸蒸日上，中国人民享受到前所未有的安定和富足。这首歌的传唱，折射出全社会的整体情绪，尤其在小学生们的脑海里留下美好而无法磨灭的记忆。宗庆后正是其中的一个。许多年后，当他忙完一天工作，回到家里，怀抱着襁褓里欲睡未睡的宗馥莉轻轻摇动时，他也会放慢哼唱这段熟悉的旋律："娃哈哈，娃哈哈，每个人脸上都笑开颜。"

沉浸在这首歌的回忆里，宗庆后不再是宗厂长，也不再是品牌的创建者，他仿佛回到了三十年前，自己依旧只是校园里的普通孩子，在阳光下感受着春风带来的温暖。当他的意识回到当下，就会将"娃哈哈"三个字与美好童年、父母关爱、社会关心、祖国花园联系起来，涌起善意的暖流。

不用再挑选了。宗庆后将"娃哈哈"定为品牌名称。他将 500 元奖金颁发给创作者朱松龄，此人是上城区少年宫主任，每天都在歌声里和孩子们打交道，让他拥有了充足的灵感。

在平均月工资几十元的时代，500 元征名，已经算是"烧钱"的壮举。但宗庆后接下来还会"烧"掉更多资金。

他先是去了工商局，将"娃哈哈"三个字注册为专用商标，又将与之类似的名字诸如"娃娃哈""哈哈娃""哈娃娃"全都注册。为了做好预防措施，他还将商标覆盖的范围从营养液、食品扩大到一切可能的范围，最大限度地提前降低了"娃哈哈"被仿冒的风险。当然，每注册一个商标，他都需要签字开支，但在他眼里，这笔钱构筑了保护"娃哈哈"的坚固城墙。而直到十几年后，中国人才普遍对品牌商标的价值有了充分认识。

6月末，他又以"娃哈哈"的名义，赞助了杭州市小学生暑假作文比赛。这次比赛的新闻同样在《杭州日报》刊登，随后收到了1200多篇小学生作文，并由宗庆后和报社副总编辑、教育部门有关领导为优胜者颁奖。

征名、商标、赞助……宗庆后的"烧钱"越发紧锣密鼓，一场"娃哈哈"营销旋风即将从清泰街160号开始，先杭州，再浙江，最终覆盖整个中国。

第四章

# 席卷全国，布出大棋局

宗庆后登临长城，饱览北方秋景。他向北凝视，那里有富饶广袤的东北黑土地，正等待着娃哈哈的到来。他又向南远眺，思绪飞过黄河长江，飞到珠江以南，飞到天涯海角，那里有藏龙卧虎的南方市场，等待自己去挑战。

## 初生，杭城掀风暴

1988 年 10 月 20 日清晨，第一批娃哈哈儿童营养液从流水线上齐步亮相，宗庆后欣喜地看着它们，如同当年看着宗馥莉被护士从产房抱出。在妻子施幼珍的描述中，那是他从未有过的激动，甚至比女儿生出时还要兴奋。

对这一天，宗庆后铭记终生。后来他将之定为厂庆日，载入娃哈哈的发展历史。

与此相比，市场气氛却有些格格不入。1988 年的金秋，喧闹一时的营养品市场突然沉寂下去，消费回归理性，不少名噪一时的热销产品，现在却缩到百货商店柜台的角落，灰头土脸，无人问津。产业链原料环节也受到冲击，从东北远道而来的人参商贩甚至跑到杭州岳王路市场，挤到花木鱼虫商贩之间，将曾经被捧上神坛的参条摊在地上叫卖。

以中老年为营销对象的营养品市场率先降温。但宗庆后并不担心，他瞄准的是儿童营养品市场，那里仍是一片空白。但他还是要大声吆喝，要先让所有杭州人知道"娃哈哈"。

宗庆后尝过了报纸广告的甜头，现在，他将走上电视。经过主动接触，杭州电视台向他开出了 21 万元的广告价格。

21 万元，这不是个小数目。虽然厂子做花粉营养液赚了，但前期购买配方、建设车间、改善生产布局、注册商标、报纸宣传……娃哈哈脚下的每一步路，都是用钞票垫出来的。宗庆后不用问会计都知道，手头的流动现金，肯定付不起，和宗庆后一起去电视台的员工面面相觑。但他面不改色，在广告协议底部签下名字。

大家走出会议室，宗庆后对员工们说："箭在弦上，不能不发！既然相信自己的产品，我们就要大胆地放手一搏！"

自信，是成功者的必要特质。宗庆后在市场上经历过最严苛的训练，他的自信并非凭空而来，而是对人、对己、对事、对物深入体察后的理性判断。他相信无论品质、包装、营销方案，还是时机、地点、营销对象，"娃哈哈"都是最好的。贷款做电视广告，犹如买来一张准考证，只为向市场交出满分答卷。

很快，娃哈哈儿童营养液的第一则广告随着电波信号，走进杭城的千家万户。许多人惊讶地发现，原来这就是几个月前花钱征名的儿童营养液产品，也有孩子指着电视屏幕说："看，娃哈哈，我参加的作文比赛！"更多人记住了广告语："喝了娃哈哈，吃饭就是香"。

没错，娃哈哈儿童营养液主打解决的就是孩子吃饭问题。这句话戳中了家长的痛点，也给了他们期盼。掌管家庭财政大权的普遍是主妇，在她们眼里，相比中老年人延年益寿的追求，孩子好好吃饭才更加务实合理，如果爷爷少喝一瓶酒、爸爸少抽两包烟，就不必考虑什么中老年保健品，买儿童营养品的钱也有了。

一时间，娃哈哈儿童营养液成为热销商品。10月，销量突破15万盒。11月，销量突破20万盒大关。杭州的经销商、零售商纷纷跑到清泰路160号，厂销售部忙得团团转。

全厂上下喜气洋洋之时，宗庆后却在度量后续策略。他为娃哈哈预定的高度，远不止这点销量而已，而是远超过20万盒的庞大业绩。

"继续上报纸宣传！"宗庆后一声令下，联系到配方缔造者朱寿民教授，又请来沈治平、顾景范等专家，利用报纸的大幅版面，将娃哈哈儿童营养液的特性、功能、科学理论、原料性能，以科学中立的姿态加以平实介绍。专家们用数字告诉消费者，每100毫升的娃哈哈儿童营养液，含有280毫克钙元素、12.5毫克铁元素、12.5毫克锌元素、

1.4 克蛋白质等，都是改善体质、调理脾胃不可或缺的微量元素，值得父母关注和付出。

那时没有"流量"概念，但并不代表没有流量的操盘者，宗庆后就是个中高手。他深谙营销需要流量，但不同特征的消费流量，自有其不同的吸引渠道。对普通市民，电视广告形象直观、便于记忆，能直接植入"娃哈哈"的品牌定位特征，足以制造初期热度。但对更加具备科学精神的人群，仅靠洗脑式的电视广告远远不够，专家推荐、数据实证这样的软文广告，才更有说服力。

宗庆后不满足于只在本地寻找实证。为进一步说服高购买力、高素质的家长，他派人将样品运到北京，请享有盛名的中国军事医学科学院对激素指标加以专门检测，检测结论是不含任何性激素类激素。他又邀请北京的专家，解答了何时服用娃哈哈最好，如何搭配餐饮营养、成人能否服用等问题，以此充实报纸软文广告内容。他相信，即便那些最挑剔的父母，也会对来自首都科研机构的检验结论加以充分信任。

电视与报纸营销的叠加效应，制造出娃哈哈初生的首轮广告冲击波，以杭州为中心，掀起了第一次销售风暴。到了 1988 年底，不仅清泰立交桥北侧的通道被等候提货的车队堵塞，连颇具历史的清泰街邮局也随之忙碌起来，邮递员"二八大杠"[1] 后的邮包越来越厚重。那里有"娃哈哈"收到的订单、急件、挂号件，更多的是来自消费者的感谢信，前者预兆了娃哈哈的光明未来，后者则将铺垫它的辉煌历史。

娃哈哈儿童营养液正式推出仅数月，厂里实现了 488 万元的销售收入，创造利税 210 万元。有了充足的资源，"娃哈哈"势如破竹地向杭州周边市县扩张。老销售员宗庆后亲自调教出一支精锐的业务队伍，他们从清泰街 120 号出发，奔向全省各地，采用统一的营销动作：先是

---

[1] 20 世纪 60 年代开始在我国流行的自行车款式，车轮直径为 28 英寸（1 英寸 =2.54 厘米），车架中间有一道笔直的大杠，因此而得名。

直奔当地报社、电台、电视台，签下不菲的广告合同。然后带着合同，找到当地最大的糖酒公司，建议对方进货并在当地销售。无论这些公司的负责人态度如何，娃哈哈的业务员都会展开合同，指着数字说明本公司已经提前付了广告费用。

饭都被宗庆后喂到嘴边了，谁还能拒绝品尝呢？如此豪迈的营销方式，谁都没见到过，谁也说不出拒绝的理由。各地糖酒公司迅速加入营销体系，成为娃哈哈旗下的区域代理。

在完全占领某地市场后，宗庆后会只留下一两个工作人员在当地跟进，帮助指导铺货，负责结款并巩固市场，骨干销售团队则移师下一个重点区域。

到 1989 年 4 月，娃哈哈在整个浙江站稳脚跟，经由杭州市计划委员会、杭州市教育委员会批准，这家企业正式更名为杭州娃哈哈营养食品厂。新的娃哈哈厂在九溪建起了第二个生产基地，产能达到每天 4 万盒。到 1990 年时，生产基地又迁徙到了三岔村，日产 25 万盒。

品牌旗帜迎风招展，企业规模不断扩大，宗庆后的梦想初步实现了！他终于不再需要顶着别人的光环，而是成为营养保健行业冉冉升起的新星。但他不会停止，他要集聚更大的力量，向更高的层级迈进，也要在更广阔的时空里尽情展现奋斗者的豪情万丈。

# 前进，勇闯沪津京

离开杭州，向东北前行 200 余公里，一座崛起于近代的国际大都市跃入眼帘，那就是上海。在 20 世纪 80 年代，这两座城市之间的物理距离在人们心中已变得不再遥远，但其中看不见的距离依然存在，乃至隔绝许多人的一生。

改革开放后，上海拥有领先全国的政策和资源优势，也造就了竞争最为激烈的消费市场。任何外地产品打进上海市场后还能站稳脚跟，就如同鲤鱼跃龙门，拥有了走向全国的资质。近水楼台的江浙企业家，或多或少都做过"勇闯上海滩"的梦，但只有少数人敢于付诸行动。大家都明白，上海市场是"最难啃的骨头"，那滔滔的黄浦江水不仅能淘出真金，更会送走一批又一批过于自信的挑战者，让他们折戟沉沙、垂头丧气。

1989 年秋，宗庆后成了又一个试图闯进大上海的外地挑战者。在他之前，不少营养保健产品的同行都在"魔都"吃了闭门羹，他们的产品曾有不错的本地影响力，也为市场推广准备了充足的兵马粮草，但进了上海市场，就像拳头打到了棉花上，既没有轰然作响，也没有力度反馈，唯有死寂的沉静，直到他们黯然退出。

宗庆后并不担心。他手中有了可复制的营销模式，这套模式在浙江省屡试不爽，让他和团队拥有足够的自信。但当他带着合同、支票，走进上海电视台、解放日报社、新民晚报社、文汇报社后，听见的无一例外是天文报价，远超他在浙江杭州听到的价格数字。

战胜内心动摇后，宗庆后再次拿出手中的全部资金，加上银行贷款，从这些主流媒体手中买下了通往上海滩的"阶梯"。他无法完全掌控结果，但他相信商业运行规律：没有投入，就没有产出。娃哈哈儿童营养液在浙江的表现足以说明，围绕它的一切投入，都是值得的。

全方位的广告宣传下，上海人熟悉了"娃哈哈"。家长们买进产品，发现确实能改善孩子挑食厌食的毛病，一传十，十传百，带动着娃哈哈儿童营养液在上海的月销量超过了 20 万盒。这个成绩已然不错，但宗庆后觉得只是刚起步。

上海的试水不算失败，但时间已到了 1990 年的夏天。宗庆后开始调整营销布局，制定了"先北后南"的方案。他暂时放下上海市场，带着精锐力量赶往天津，准备打响北上的第一仗。在这里的成败，会决定娃哈哈是否有资格进京，是否有实力在华北平原上翩然起舞。

初到天津，宗庆后就显著感觉到了南北差异。南方人精明、务实而开放，北方人爽朗、理想但保守，想要在这里打响品牌，就必须契合这里的城市性格和环境规则。

初到天津，宗庆后住进一家招待所。此时的企业财力，当然能保证他住进豪华酒店，但宗庆后习惯了节约开支，更习惯市井巷陌，最近距离接触消费者。唯一让宗庆后感到不适应的，是这家招待所房间里连电话都没有，他只能一次次跑到前台，在中年女服务员的刻意审视下，听取下属汇报、下达指令。娃哈哈北上后的诸多营销策略，就是在这样的环境下诞生的。

没钱的宗庆后对住宿、交通、饮食从不讲究，有钱的宗庆后也同样如此。唯独对娃哈哈初期的市场营销投入，他花钱时只有"豪横"二字可形容。在天津日报社，他张口就表示，要买大幅版面刊登营销广告。对方考虑到自身市委机关报的身份，甚至还有些犹豫，但很快就明白这是改革开放的大势所趋，便欣然同意。

短短半个月里，天津城空中的电波，地面的报纸、车站站牌，"娃哈哈"已无所不在。宗庆后最为推崇这种地毯式轰炸的营销方式，尤其在大城市，更是不能留下空白、不能剩下角落，只要一个人处于现代文明的生活中，他就必然会接触到"娃哈哈"、记住"娃哈哈"。

在迅速升温的消费气氛中，娃哈哈首批运往天津的产品销售一空。宗庆后抓住时机，办了一场新闻发布会，宣布娃哈哈在天津初战告捷。当地企业主动召开新闻发布会的先例不算多，这场发布会本身也成了新闻，面对北方各大媒体的记者，宗庆后侃侃而谈，有营销秘招，也有格言警句，有创业艰难的辛酸史，也有豪情万丈的展望未来。他深知新闻界需要这些，改革开放的参与者也需要这些，既然时代呼唤好故事，为什么故事的主角不能是娃哈哈呢？

1990 年秋，时机如香山的红叶那样成熟，宗庆后和团队坐上了开往北京的列车。不久后，一个平凡的晚上，北京城几乎家家户户的电视里都传出"喝了娃哈哈，吃饭就是香"的广告语，次日清晨，北京人翻开几家主要的报纸，又看见了硕大的"娃哈哈"字样。

由注意而生好奇，由好奇而生购买，由购买而生了解。不出一周，娃哈哈在北京城也刮起了销售热风。这座城市的大多数居民原先并没有给孩子进补的习惯，但当他们听说娃哈哈在浙江、上海和天津的火爆后，没有理由让自家孩子落后，而一旦看到效果，就有更多人加入追捧的队伍里。

在北京的第一个月，娃哈哈销售业绩高于上海，拿下了 30 万盒的好成绩。

从 1988 年秋天到 1990 年秋天，在 700 多个日夜里，娃哈哈以惊人的速度成长扩大。1989 年，其销售收入 3259 万元，创利税 703 万元。1990 年，这两个数字分别达到 1 亿元和 2212 万元，正式踏过亿元大关，成为重量级企业。

忙里偷闲中，宗庆后登临长城，饱览北方秋景。他向北凝视，那里有富饶广袤的东北黑土地，正等待着娃哈哈的到来。他又向南远眺，思绪飞过黄河、长江，飞到珠江以南，飞到天涯海角，那里有藏龙卧虎的南方市场，等待自己去挑战。

新的计划，悄然浮现。

南下！

## 南下，闪击太阳神

成立三年后，宗庆后带着娃哈哈，从一家普通的集体企业，跻身杭州市利税大户，荣膺全国最佳经济效益工业企业500强中的第85位。当1991年的春天如期而至，万物勃发，生机盎然，宗庆后来到了温暖的南方。

改革开放开始后，广东省成为我国经济增长速度最快的地区。广东人天生善于经营，他们利用优越的地理位置，将政策允许的空间运用到了极致。在很长时间里，广东工商界都保持着充足的优越感，在他们眼里，其他地方的企业还得多学学。这并不是狂妄，而是基于消费者的现实选择。在北京、在成都、在上海、在杭州……畅销品纷纷标上广东出产的标签，"广货"是时髦畅销商品的代名词。

正因如此，宗庆后将广东市场定在沪津京之后。他必须积攒充足的能量，来冲击这块高耸的主峰阵地，更何况，重量级的当地同行，已在山顶恭候多时了。

1986年，制药工程师怀汉新来到东莞市黄江镇，他的身后跟着5个人，身挎包里装着5万元启动资金和一张配方。不久后，黄江保健品厂成立了。次年8月，"生物健"产品正式面市。这款营养液无色无味，难以引发消费者的注意，怀汉新引入了国外风行的企业形象识别系统（Corporate Identity System），以"太阳神"形象全面包装产品、商标、企业名称，业绩取得重大突破，企业也改名为广东太阳神集团有限公司。

1988 年，"太阳神"成为汉城奥运会上中国代表团的专用运动补剂，声名大噪。随后，怀汉新又进军上海市场，到 1990 年，他的产品在沪销售额达到 3000 万元，创下外地保健品在沪销售额纪录……

"当太阳升起的时候，我们的爱天长地久"，宗庆后一行人刚到广东，就听见了太阳神集团的宣传歌曲，随处可见别具特色的商标图案，那是鲜红的太阳底下，站立着一个顶天立地的巨人，旭日初升，生机盎然，一片温馨吉祥的气氛。

面对真正意义上的对手，宗庆后胸有成竹。他不再复制之前的集中式打法，而是另辟蹊径。

时间回到半个月前。在杭州，娃哈哈向社会公开招聘营销人员，并在六百多封应聘信中亲自挑选出二三十封，再逐个亲自通知他们前来面试。

清泰街办公楼的三层会议室里，市场部负责人孙建荣向应聘者们提问。宗庆后坐在旁边静静观察着，也会偶尔插话，询问情况，例如应聘者如何看待娃哈哈，又如何看待太阳神，或者直截了当地让应聘者现场设计能打入广东的方案。

面对重重压力，大多数应聘者表现出了高昂的热情，他们的创新意识也让宗庆后印象深刻。招聘结束后，宗庆后经常请他们留下来用餐，招待内容是 15 元的快餐。这个价位在当时堪称豪华，也让应聘者更期待加入娃哈哈。

这次面试中，广东小伙子单启宁脱颖而出。他认为广东人喜欢食药两用的成分，还要是原汁原味的，采用这样的宣传内容，最能打动消费者。如果娃哈哈想请专家论证，也要让广东籍人士来。这些建议，都和宗庆后的想法不谋而合，三天后，他将单启宁和其他几个小伙子叫来，告诉他们赶紧收拾下，明天就去广州。

单启宁他们很意外，但这正是宗庆后制定的战术，要用悄无声息的动作摸进太阳神集团的根据地，而不是高调挑战。临行前，他布置好了发货计划，一箱箱娃哈哈儿童营养液从杭州秘密发货，集中堆放在广州城外不起眼的仓库里，先行抵达的业务团队则接到禁令，不得向任何渠道销售产品和走漏消息。

等宗庆后带着单启宁抵达后，迅速展开的不是营销活动，而是一场座谈会。

借助单启宁在当地的关系，中华医学会广东分会、广东优生优育协会、广东省中医学研究所、广东省药物研究所等专家们群贤毕至。宗庆后围绕娃哈哈儿童营养液产品的原理、配方、功效等情况做了汇报，获得了专家的一致认可。参加座谈会的还有当地消费者代表，他们从头至尾倾听了双方意见，也成为首批获得赠品的广东消费者。

座谈会结束后，早已安排好的媒体报道立即登场。新闻记者们没有重复座谈内容，而是站在旁观者的角度，将之渲染为一场突袭与反突袭的前哨站，密集的报道传递出明确的信号：在本地的太阳神和浙江的娃哈哈之间，一场意料之外的广东市场竞争即将开始。

还没等太阳神反应过来，正面的广告营销战就打响了。《南方日报》《羊城晚报》《广州日报》上出现了密集的娃哈哈广告、专家学者的访谈，在广东电视台、电台上，娃哈哈的广告歌声也让居民们耳目一新。

1991年6月，娃哈哈在羊城的营销开始发力。第一批"藏"在仓库里的货物迅疾售罄，一辆辆卡车穿梭在杭州和广州之间，不断将品牌的影响力延伸到广东的城市和乡村。仅这个月，娃哈哈在广州的销量就超过了70万盒，这个数字超过了京沪首月销售的总量。

直到此时，太阳神集团才明白过来，原来最初的秘而不宣，只是为了现在的厚积薄发！他们立即采取行动，开始联系当地新闻媒体，想要在本地开展广告营销的反击。但现实给了他们当头一棒，几乎所有主流报纸都告诉他们，近一周的广告版面，已经全部被宗庆后包下了。电视台、电台的回复则是与娃哈哈签订了每日三次播放的广告合同。

娃哈哈为此花费了80多万元的巨款，堵住了太阳神的后续反击手段，熟读《毛泽东选集》的宗庆后，早已把"集中兵力""攻其不备""围城打援""群众战争"的战法活用到商业竞争中，用得滴水不漏、炉火纯青。

高手过招，胜负大都在一两个回合之内。从品牌价值升华后，太阳神集团就着眼于奥运品牌，着力开发上海市场，却在某种程度上忽视了对广东本地市场的有效占领，结果被宗庆后冷静而大胆地偷袭得手，创造出中国营销历史上以弱胜强、以客胜主的佳绩。

7 月，娃哈哈在广东的销售额继续攀升，突破了月销量 100 万盒的大关。广东，这个营养保健品消费能力最强的省份，就此已非太阳神的独家天下。

## 小黄帽进军大郑州

广州的"虎口夺食"大获成功，让娃哈哈从上到下都松了口气。不少人觉得，营养保健品终归是有钱人消费的，而有钱人集中在大城市，在北上广站稳脚跟，企业就会高枕无忧。

宗庆后接下来的部署却出人意料。他用新的目标告诫整个团队，也对外界发出了宣言：娃哈哈不会停止进攻。

宗庆后的下一个目标，是郑州。确切地说，是中西部内陆的城市。

在娃哈哈之前，绝大多数营养保健品的竞争热点都集中在发达城市，很少有人围绕二线城市开展重点营销。宗庆后初出浙江，也是利用全方位、高强度的广告资源投入来覆盖京沪广等地，实现短时间内的口碑传播。但他并不希望娃哈哈只靠这种模式成名。除了"朝上看"之外，他更希望娃哈哈能"朝下沉"，让品牌不仅穿行在大城市的楼宇之间，还能广布在中西部的田间地头，直到有一天像儿歌那样为亿万人熟知，凡有井水处，都有娃哈哈。

探究这位企业家内心更隐秘的愿望源头，或许和宗庆后从小形成的英雄情结有关。在黄河的南北，在太行的东西，那些古老的地名既蕴含着历史的厚重感，也传递出发展相对滞后的幽幽叹息。如果能将企业品牌深深扎根到这些地方，才能真正彰显自己的智慧和胆魄，才能真正将自己的名字和娃哈哈共同留在中国的商业历史上。

因此，地处中原的郑州受到了宗庆后的另眼看待。1991 年秋天，他初来这里，并没有一如既往地去拜访当地报社、电视台，而是放慢了脚步，在这座陌生的城市里闲逛起来。

陪同宗庆后的下属感到奇怪：宗老大一向都看重时间，在广州连当地的早茶楼也不愿去，到了河南，怎么反而会对大马路感兴趣？

只有极少数人才能看懂宗庆后的意图。在郑州这样的城市，无论是传统纸媒，还是电视、电台，都缺乏城市核心级别的发布平台，通过集中投放广告而引爆口碑的效果也必然不如京沪广那样显著。相比新闻报道、专家论证、发布会、座谈会，这里的消费者更愿意相信自己亲眼见到、亲耳听到的事实。更何况，经过前面几轮营销战，娃哈哈的广告资金确实紧张了，宗庆后在寻找灵感的火花，希望能花小钱办成大事。

接连转了两天，宗庆后都没有找到最好的办法。这并不奇怪。创立以来，娃哈哈的营销都采用他所说的"宇宙流"打法，这种打法要求先集中资源再投放在宣传通路上，实现在最短时间内投入最大量资金、人力，打通一点之后辐射全局。其难点不仅在于资金、人力的集中，更在于找准关键点。郑州这样的城市，报纸林立，电台、电视台的影响范围有限，如何找到关键点呢？

宗庆后想不到办法，但他仍在持续翻阅当地报纸。他坚信这是一扇扇窗户，只要自己坚持不懈地推下去，就迟早能窥见大郑州的全貌。

果然，当宗庆后读到本地新闻版时，一条并不起眼的报道吸引了他的注意。报道说，近年来郑州市区交通事故频发，事故受害者有近半数系中小学生。

无论在哪里，"孩子"这个关键词总是会吸引宗庆后的注意力，过去如此，现在更是如此。他反反复复地看了几遍报纸，想着如何解决这样的问题，娃哈哈又能在其中发挥怎样的作用。渐渐地，一个营销方案在他脑海中成形了。

当天下午，宗庆后就带着营销员，直奔郑州市交管部门、教育部门。他开门见山地提出，娃哈哈要以企业的名义，向全市小学生每人赠送一顶小黄帽，帮助孩子们提醒马路上的机动车司机，发挥安全警示作用。

交通事故数量不断上升，交管部门和教育部门已感受到来自社会舆论的压力，上级领导的批示更是让领导们坐立不安。其实，交通事故发生率增长，并非一两个部门就能解决，还和市政建设、经济发展、人文意识都有密切关系。短期内，别说治本，就是想要治标也不容易。宗庆后提出的方案简单明了，且承担所有经费，让两个部门惊喜而感动。当然，他们对娃哈哈的意图也心知肚明，很快联系来本地媒体，对这家企业热心公益事业的善举进行宣传。

在政府领导的全力支持下，娃哈哈总共发出去5万顶小黄帽，郑州市区主要小学的学生们人手一顶，上面清晰地标注出娃哈哈的商标字样和图案。从小黄帽拿到手起，老师和家长们就开始不断提醒孩子们上下学要记着戴好"安全帽"，小黄帽队伍就此成为郑州街头富有特色的流动风景，队伍里的每个小朋友，都成为娃哈哈的"义务广告员"。

借用一顶小黄帽，宗庆后将娃哈哈的形象送进郑州的千家万户，送进了无数大人和孩子的心里。企业为此付出的成本，只有15万元。宗庆后不再需要像在一线城市那样，砸下重金在报纸和电视上做广告，却同样开启了市场的大门。

宗庆后抓紧时机，通知杭州那边加快生产进度，迅速发货。几乎是一夜之间，娃哈哈营养口服液就铺满了郑州大小商店、卖场柜台。柜台前，询问、购买的消费者络绎不绝，时不时会有些戴着黄帽子的小脑袋好奇地探出来，打量着娃哈哈新颖有趣的卡通包装。

拿下大郑州，宗庆后靠的也是"宇宙流"，但"宇宙流"的通路却发生了变化，不再是强势到来的新闻媒体，而是切入人心的安全关怀。他之所以以柔克刚，展开了逐鹿中原的蓝图，其关键绝非灵感的迸发，而是持之以恒地苦苦思考和追寻。

两年前，1989年的全国糖酒订货会照例在四川成都召开，这是保健品商家群雄逐鹿的擂台，也是营销与广告的竞技场。宗庆后却只带了7万元，从杭州风尘仆仆赶来。

宗庆后知道，成都人爱看热闹，当地人叫作"看欺头""打堆堆"。

当地有个段子说："在成都，哪怕你啥子都不做，就这样仰头望着天，隔一会儿就有一群人一起看天。路人问你们在看啥子呢？结果是第一个人流鼻血了把脑壳昂起"。

在爱看热闹的城市，宗庆后要营造前所未有的热闹请大家看。他既没用这些钱找报社，也没去敲响电视台的大门，而是在当地找到人力资源中介机构，在短时间内组建了一支"洋人队"。当身材高大的外国帅哥美女，穿着时尚西装，举起娃哈哈的宣传旗帜走上街头时，立刻引起了市民的注意。只见他们用蹩脚的"你好"汉语问候市民，再满脸堆笑地向好奇观看的市民分发宣传单页、免费赠品，这前所未见的景观，很快引得更多孩子牵着父母的手上前围观。连续三天的"洋人队"营销，让娃哈哈在成都深入人心……

宗庆后从这时就明白了：有时候，品牌营销离不开金钱投入；但在另一些时候，让消费者用他们喜闻乐见的方式认识品牌，比金钱投入的多少更为重要。在成都如此，在郑州也是如此，在成百上千个普通城市，同样如此。

当你帮助消费者找准了他们自己，你就能成为更好的自己。带着这样的想法，宗庆后投入了下一场战役。

## 遭遇瓶颈，获得高层领导批示

1991 年，杭州清泰街上，前来娃哈哈提货的车队越来越长。儿童营养液产品始终供不应求，甚至连进货指标都开始有人倒卖了。

这一切，别人看在眼中是羡慕，员工想在心里是得意，唯独宗庆后日夜担忧。他知道，营养保健品市场里能人迭出，如果不能抓住稍纵即逝的时机，尽快让企业在品牌资源基础上扩大规模，很快就会有人造出跟风产品，抢走本属于娃哈哈的大好未来。

只有扩大规模，才能保住娃哈哈在儿童营养品赛道上的优先位置。想扩大规模，离不开新的厂房和流水线。宗庆后夜不能寐，他以诚恳的语气写出报告，递交给上级，痛陈拿地建厂的紧迫性和重要性。杭州市计划委员会很快批了 30 亩用地计划，但事情随后却陷入停顿。半年过去了，土地项目审批毫无进展，地块的红线都没有标出来。宗庆后内心的焦躁，几乎写到了脸上。

念念不忘，必有回响。当你倾尽心血在一件事上，就算命运早已写好，也可以为你改变。1991 年，新华社浙江分社的两位记者朱国贤、傅上伦来到娃哈哈调研。在清泰街的办公楼里，宗庆后将苦闷全都向他们倾吐了出来。他说，娃哈哈属于上城区，也属于杭州，自己希望借助媒体的力量形成舆论，加快土地审批速度，躲过被市场抛弃的厄运。

从宗庆后的执念里，两位记者看到了他的沸腾热血，也读懂了新时代培养的企业家精神，但他们并未马上行动。新闻人的职业操守，使他们更愿意相信自己的调研结果。这年初夏,他们在娃哈哈待了一个月,亲眼看见企业门前每天都排起提货的车队,也看见干部们如何踏破铁鞋,到处寻找可出租的车间,他们更从老员工口中听说了娃哈哈的故事,了解到"宗老大"是怎样从蹬三轮开始,将小小的校办工厂带成了大企业。

据后来公开披露,当记者离开娃哈哈时,他们包里积累了厚厚的素材,内心则因感动而充盈力量。熬了几个通宵后,长篇调查报道《发生在小学校里的经济奇迹》诞生了,副标题是"杭州娃哈哈营养食品厂调查"。1991 年 7 月,文章入选新华社的《国内动态清样》。由于篇幅超过内参规定,整篇报告只能分成上下两部分,在同一天,一起送到了重量级的阅读者案头。

文章完全基于现实,为中央领导呈现出这样的娃哈哈:1989 年,当浙江省工业经济滑坡时,一家小厂奇迹般地从校园崛起。经过三年的发展,如今的它,没有成品仓库,库存几乎是零;它的每百元产值仅占用流动资金 1.54 元;它的定额流动资金流转周期只有六天,为全国商业历史罕见;它没有一分钱借贷和欠款,与当时大多数企业截然相反;它的银行账户里,还有将近 2000 万元存款。这家企业叫娃哈哈,创始人叫宗庆后。

文章介绍说,娃哈哈具备如此雄厚实力,为当地教育事业做出了直接贡献。仅 1990 年,企业就向教育局上缴了 612 万元利润,比国家下拨的教育经费还要高出 100 万元。这样的校办企业,在全国仅此一家。

洋洋洒洒 5000 字,末尾,记者笔锋一转,写到了宗庆后的苦衷。他们说,宗庆后依靠科技、依靠人才,将自己的聪明才智灌注到企业发展里,娃哈哈能有今时今日,与他的贡献密不可分。但现在,他也遭遇了无法挣脱的瓶颈,面对无法破解的难题,只有政府部门伸出援手,才能提供有效支持和帮助。

真实鲜活的事例,详细具体的数字,再加上发自肺腑的真切态度,让这篇文章显得格外突出,立即获得了领导的高度重视,随后被印发送各省市领导参阅。

数周内，全国各地都知道了杭州娃哈哈。更让宗庆后高兴的是，当地相关部门对娃哈哈也高度重视和关注起来。一个月后，杭州市领导带着浙江日报社记者一行，来娃哈哈了解企业发展遇到的困难。他们和宗庆后热烈讨论，彼此坦诚交换意见，这群思想敏锐、视野开阔的先行者，在谈话中找到共识，形成了比批土地、建厂房更好的方案。

这次谈话能带来超出预想的成果，并不完全是一份内参造就的，而是宗庆后在坚持求索中，率先拿到的时代红利。

20世纪90年代初，社会经济环境发生了很大变化，国有企业的经营状况随之改变。前十年推行的"放权让利""经营承包制"等渐进式改革的红利已释放完毕，到此时，一些国有企业的经营绩效再次下降。

面临着严峻的形势，不少领导认识到，继续确立国有经济的主体地位，让国有资产保值增值，需要从更深层次去改革国有企业的所有权制度。到1993年11月，中共十四届三中全会通过了《中共中央关于建立社会主义市场经济体制若干问题的决定》，明确指出国有企业实行公司制是建立现代企业制度的有益探索。一般小型国有企业，有的可以实行承包经营、租赁经营，有的可以改组为股份合作制，也可以出售给集体或个人。

1991年8月在清泰街160号进行的这场谈话，昭示着杭州国有企业改革的试水之作拉开了序幕。最终确立的方案是：杭州有不少负债累累的国有企业，经营情况困难，大量厂房、设备都闲置。政府可以推动企业之间的竞争，让娃哈哈以兼并亏损国有企业的方法，尽快获得新的发展空间。

宗庆后求浆得酒，不仅能迅速扩大娃哈哈的生产规模，解决现实问题，还能盘活现有的亏损企业，获得长期产能，为地方做出更大贡献。

被选中的国有企业浮出水面，它就是杭州罐头厂。"杭罐"也曾有过大名鼎鼎的时代，是全国十大罐头厂之一、外贸部定点出口加工企业。随着市场经济的到来，"杭罐"的辉煌成为过去式，外贸订单数量骤减、产品大量积压、负债高企，让企业陷入了一年不如一年的困境。到此时，企业负债高达 6700 多万元，库存产品 1700 万元，还有 740 名退休工人需要负担。

对兼并"杭罐"，娃哈哈内部有反对声音。有人质疑说："我们真的能管好这样一家大企业吗？我们能不能再等等自己的场地和厂房？"宗庆后的回答是"不能"。他知道，"杭罐"有 100 亩厂区，有 5 万平方米的厂房，还有大量机器设备、经验丰富的工人，这些都是货真价实的资源，有了这些，就算娃哈哈背上了眼前沉重的包袱，也是值得的。

在很短的时间内，兼并获得了杭州市委、市政府的批准。宗庆后的苦恼烟消云散，在"杭罐"，新使命等待他履行，新高峰静候他攀登。

第五章

# 时势造英雄，撬动新事业

　　在改革浪潮里，宗庆后只会去做自认为正确的选择。他选择强硬的姿态，是选择企业家的本分，也选择了"做自己"这条漫漫长路。从当初在文体局签订军令状的那一刻开始，他始终被一个又一个承诺、一个又一个目标所驱动。

## "杭罐"新生，小鱼吃大鱼

1991年8月29日下午，秋涛路杭州罐头厂的礼堂内人声鼎沸。一场将载入企业历史的会议，此时刚被打断。

主席台上，杭州市委、市政府派出的工作组一行十余人表情严肃，目光投向眼前纷乱的职工代表人群。就在五分钟前，工作组刚开始宣读罐头厂的兼并方案，台下就掀起了剧烈骚动。有人破口大骂，说这等于是开除全厂职工；也有人号啕大哭，说自己卖命了一辈子快退休了落这么个下场；还有人默默站起身，直接离场抗议……

会没能继续开下去，工作组暂时离开，杭州罐头厂却陷入混乱。

第二天，厂区公告栏出现了标语，慷慨激昂的大字"誓与企业共存亡"映入眼帘。有人开始私下串联，打算成立护厂队、生产自救委员会。车间的角落、办公楼的走廊，随处可见人们三五成群地议论着同一件事：娃哈哈要来了！

是的，叩响"杭罐"之门的人，正是宗庆后和他领导下的娃哈哈。经过数年砥砺成长，这条民营小鱼已然萌发了"吃掉"国企大鱼的愿望。

小鱼吃大鱼，在任何时代都并非易事，又何况是在1991年的中国呢？尽管改革浪潮正冲刷着全社会的思想理念，但温室里待惯的人们，大都并不了解外面正发生着翻天覆地的变化，绝大多数人只相信自己愿意相信的道理：只要在国有企业上班，我就永远是国家的人！进了私营企业，以后谁管我？

宗庆后在国企工作多年，谙熟职工们心中的"道理"。为减小兼并阻力，他主动增加优惠条件，提出不搞提前退休、不搞下岗，而是由娃哈哈接收"杭罐"的全部2200多名员工、6000多万元债务，并承诺在半年之内扭亏为盈。

宗庆后的方案让杭州市政府惊喜，却让娃哈哈的员工们意外。和宗庆后不同，作为"娃哈哈奇迹"的创造者和受益者，他们中的许多人并不看好兼并"杭罐"，自然也不欢迎2200多名新同事。

有人说："'杭罐'虽然大，可是多年亏损，欠了银行几千万，咱们这是要背债啊！"也有人说："现在蛋糕大了，就来了2200多张嘴！"

高层有意，职工未解。这场兼并尚未开始，即将陷入困局。在这关键的时刻，时任市委秘书长沈者寿站了出来。8月30日深夜的电话里，他明确表态：只要宗庆后能向"杭罐"上下说明情况，他愿意亲自参加会议。

第二天下午，"杭罐"礼堂人声鼎沸。宗庆后坐在主席台上，看着台下300多名党员和班组长以上干部，他们或者面无表情，或者忧心忡忡，更多人交头接耳，怀疑的眼光穿过闷热的空气，聚焦于这位早有耳闻的娃哈哈老板。

两点半，宗庆后说话了：

"我今天来这里，不是来救你们的。没有人能够救'杭罐'，除了你们自己。"

声波冲击着麦克风的振膜，经磁场转换成电子信号，由喇叭扩音后，深深扎进在场每个人的心房。

会场安静下来，人们面面相觑。是啊，"杭罐"也曾有沸腾的过往，也曾有热血的梦想，而今却搁浅于负债累累冰山前，这一切，究竟该怪谁呢？

宗庆后看出了大家的心思，继续说："不是大家不努力，是环境变了。计划经济的企业管理机制已经有了三十多年，无法适应新的市场经济冲击了！我们来，是要和大家一起脱胎换骨，让企业重振雄风！"

有人眼里闪烁起兴趣，也有人流露出怀疑的神情。宗庆后微笑着介绍起自家企业，就像在展示女儿刚刚拿到的优秀学生证书。

他说，在过去的一年里，娃哈哈全厂靠 160 个人，创造 1 亿产值，拿下 2224 万元的利润，经济效益是杭州市第 2 名、全省第 6 名。

他说，在全国 500 家最佳经济效益工业企业里，娃哈哈去年已名列85 名。

他说，在全国 60 万家校办企业里，娃哈哈已经蝉联多年的冠军，根本看不到对手！

怀疑的神情消失了。听众里没有一个外行，都是在生产基层摸爬滚打多年的老师傅，谁都知道这些数字意味着什么。

当听到宗庆后介绍娃哈哈没有任何欠债，而且在银行的存款仅靠利息就足够支付全厂人员工资后，绝大多数人流露出了羡慕神情。这些年，主席台上传下来过各种文件精神，但与钱有关的都是坏消息，何曾有过这样的好事？

看到开场白起到了预期效果，宗庆后心里有了底。他开始将听众的注意力向现实扭转。

他说，娃哈哈原本能在短期内扩大规模，但被生产场地制约了，项目批不下来。眼看着大好机会就要错过，却只能原地坐等，自己是心急如焚！

宗庆后语音颤抖、眼眶湿润。听众呆住了，他们从来没见过这样至情至性的领导，明明是兼并，却在向大家倾吐难处。

宗庆后说道："杭州罐头厂也有困难，但你们有 100 多亩的厂房，有良好的机器设备，还有觉悟高、能力强的工人队伍。只要将我们两家的优势结合起来，就能产生无穷的力量！"

没等人们反应过来，他继续说："兼并以后，罐头还是可以做，但必须做能赚钱的产品。至于待遇，所有人同工同酬，多劳多得，一视同仁。只要勤劳肯干，我保证大家的收入会比原来多几倍、十几倍！"

职工代表们彻底信服了，他们被坦荡率真的宗庆后所吸引，他们开始相信，兼并将开创企业的新生，也会带来自己的新生。这天，杭州罐头厂第七届职工代表大会第三次会议正式通过了由娃哈哈兼并的决议。

宗庆后的演讲，拨动了娃哈哈命运的齿轮，更大的力量从四面八方汇聚到这里。

9 月 3 日，杭州市政府正式下文并召开新闻发布会，宣布娃哈哈营养食品厂兼并杭州罐头厂，成立杭州娃哈哈食品集团公司。

9 月 5 日，《杭州日报》头版头条刊发报道，副标题是"让优势企业增强后劲，使亏损企业摆脱困境"，将兼并定性为"深化改革的重要突破"。

9 月 7 日，浙江省委书记李泽民专程来到娃哈哈食品集团，在实地考察原杭州罐头厂时，他称赞这次兼并是大好事，利国、利民、利企业！

领导的支持、舆论的撑腰，宗庆后的耳边犹如传来紧密的锣鼓点。他知道，说出去的话就像泼出去的水，半年内扭亏为盈，还要让工人收入翻倍，这可是一场悬念十足的大戏。在"杭罐"这个舞台上，即将万众瞩目的主角没有别人，只有自己！

## 奠定集权管理模式

从兼并"杭罐"，成立集团公司开始，宗庆后的管理风格正式成形，其精髓是四个字"开明集权"。

宗庆后所认可的集权并非纯粹个人集权，而是由自己作为企业领导核心来构建用人机制。通过对中国革命历史和企业改革现状的深入观察和思考，宗庆后得出结论：在中国这样人口众多而有千百年农业文明传统的国家，无论想要干成什么事业，都要有一个强势领导者作为团队的核心。这个领导者应该热情理性、公平公正，更应该乾纲独断，集大权于一身。唯有如此，他才能看清航行的方向，再将企业这艘大船上各个岗位的工作权分配给下属，确保每个人都能对集体负责并持续贡献力量。

从此时到 2016 年，宗庆后掌管下的娃哈哈，始终保持高度集权的特色。无论旗下只有一两家工厂，还是在全国 27 个省市拥有了 70 多家合资控股、参股公司，无论员工数量是多少，企业只设有一个董事长、一个总经理，这两个职位同属于宗庆后。据说，兼并之初，企业即便增加购买一把扫帚，也要通过他的签字。十几年后，某个产值上亿的分公司买辆电动车，同样也需要上报宗庆后签字批示，这些传言无一例外都得到过他本人的证实。但如果不是这样的管理风格，宗庆后很可能会被赶出"杭罐"。

这次兼并后，娃哈哈打破了硬件的瓶颈，有了厂房、机器和设备，也接下了该厂的大批原班人马。宗庆后的大会发言固然打动了不少人，但杂音依然余波未熄息，尤其当宗庆后决定暂停罐头生产线后，一些人气愤了，他们成群结队地冲进宗庆后的办公室，要讨个说法。

面对激动的员工，宗庆后镇定而严肃地反问道："罐头生产线亏损如此严重，我是刚知道，难道你们一直不知道吗？这样的生产线如果不马上停掉，不用说谋求发展，就连娃哈哈现在的优势也会被拖垮！"

寥寥数语，犹如浇下一盆冷水，将无情的现实放在员工面前，让他们由焦虑和急躁转为清醒。员工们服气了，因为这位新厂长说得有道理，除了听他的话，别无选择。

原先运转了几十年的罐头生产线，就此停下了。原先的那些员工，无论是否真心愿意，都接受了这样的变化。

或许，以宗庆后的能力和经验，通过变革管理方式也能扭转罐头生产线的经营状况。但罐头有独特的生产工艺、供应链、消费人群，和娃哈哈儿童营养液产品的差异很大。如果心慈手软，就必须花费大量时间和精力去研究罐头市场，娃哈哈之前在儿童营养食品赛道上的领先优势就会丧失。宗庆后只能以集权的方式，先将所有资源集中投入应有方向。

宗庆后的集权风格不仅体现在生产决策方面，在人事管理上表现得更加淋漓尽致。跟着他一起接管"杭罐"的干部有十几人，无一例外都是娃哈哈的元老，其中有亲弟弟宗泽后，也有承包时代的老下属王琴。宗庆后曾经以为，他们既然能带好娃哈哈的"兵"，就一定能迅速带好新队伍。

但事情并不简单。在这里，娃哈哈的中层干部们遭遇了种种不可思议的阻力。岗位责任明确了，但岗位上的工人居然不愿上流水线操作，理由是太紧张了。生产定额明确到人，但也有工人表示拒绝接受，理由是定额太高了。紧急订单来了，有些工人居然看不上加班工资，连商量也不肯……

宗庆后了解到情况，先是错愕气愤，随后陷入沉思。他早就听说，很多国企里的工人懒散、纪律松懈，但问题根子在干部。工厂里科室机构臃肿，人浮于事，干部们既不动手也不动脑，每月一样领工资，那些在生产一线的工人当然会愤愤不平而选择偷懒。

想到这里，宗庆后决定从调整中层干部开始。他开会宣布，原有干部都重新聘任，变成"黑板干部"。干部的名字就写在总经理办公室的黑板上，胜任的留下，不够格的就擦掉。

在第一批干部聘任名单里，原有的 41 名干部被"擦掉了"。这些干部又一次冲进了宗庆后的办公室，但这次他们只是为了私利，宗庆后的态度也就更加强硬。经过对峙，有人服从大局，去新岗位报到了；也有人选择了辞职，甚至有人到处告状、上访。

对此，宗庆后不为所动。在兼并后的第一个月内，宗庆后连续批准了 60 多份辞职和退养报告，其中有 20 多个人是干部身份。宗庆后的原则简单明了：你想辞职，我就批准；你想告状，可以到处试试。

这些从一开始就选择了脱离娃哈哈的人，后来的感受并不一致。有人后悔当年选择轻率，错过了娃哈哈后来的一路风景。也有人并不遗憾，在新领域也顺风顺水。其实，即便让他们再选一次，还是有人会离开。宗庆后认为，并非每个人都适应娃哈哈，让不适应的人才离开，将适应的人才请进来，这才是真正的市场经济人才流动。

干部的问题解决了，工人的问题就比较容易解决了。调动工人积极性，只需要两点：一是更高的收入空间，二是更严的劳动纪律。

兼并初期，有工人还保持着过去的邋遢习惯，居然在厂区随处小便。如果纵容这样的行为，就是对千万消费者的犯罪。宗庆后规定，对这种情况不仅要谈话批评，还要罚款 30 元。还有人在车间里吃方便面，同样违反规定，也被罚款了 30 元。在不讲情面的纪律面前，职工队伍的风气很快焕然一新。

宗庆后多次总结说，改革不可能直接给国企原有每个人利益。对个人而言，获得的是一次选择机会，能不能从兼并中获益，就要看每个人的选择。对企业而言，娃哈哈是从国企接过包袱，但并不是要被包袱拖垮。既然选择了兼并，就要以良性管理方式来取代落后管理方式。

宗庆后不仅对内集权，对外有时也会表现出应有的强硬。1991年，浙江临安的香菇喜迎丰收，但"杭罐"厂的罐头生产线被宗庆后停掉了，原来供应"杭罐"的香菇积压在农户手中，农民收入降低，有人找到宗庆后协调，希望他多收购一批香菇。但宗庆后坚定地表示，只对那些原本和"杭罐"签了订货合同的农户负责，其他农户和娃哈哈无关。

在改革浪潮里，宗庆后只会去做自认为正确的选择。他选择强硬的姿态，是选择企业家的本分，也选择了"做自己"这条漫漫长路。从当初在文体局签订军令状的那一刻开始，他始终被一个又一个承诺、一个又一个目标所驱动，而在兼并"杭罐"的同时，他也向杭州市政府立下新的军令状，一定要让这家企业扭亏为盈。这让宗庆后无暇他顾，只能全力以赴，用强者的姿态，带领一帮曾经的"弱者"去解决现实问题，成为改革先锋。

## 改革先锋

1991 年末，经历了内部改革和结构调整，娃哈哈在集权管理模式下再次踏上快车道。儿童营养液产品的生产和销售情况蒸蒸日上，原本计划要三个月才能安装完成的新生产线，在短短二十八天内就装成投产，月产 250 万盒儿童营养液，解决了产能不足的老问题。

从清泰街 160 号萌发的独有感染力，日复一日的潜移默化下，彻底改变了秋涛路厂区的氛围。短短三个月后，扭亏为盈的目标就实现了。娃哈哈食品集团有限公司在这一年创下 2.5 亿元产值，实现利润 4000万元，两项指标均比上年翻了一番，企业开始提前向银行偿还欠款。

刚兼并时沸反盈天的"杭罐"老员工，迎来了脱胎换骨的变化。

一些年纪大的员工，有的原本写好了辞职、退养报告，到此时却悄悄地收了起来；也有的曾经吵着调到了轻松岗位上，打算混混日子到退休，如今却不好意思地走进领导办公室，亲手递上申请，表示自己想要重上流水线。

中青年员工的感受最为强烈，宗庆后主导的变化不仅发生在自己身上，也发生在家庭中。灌封车间有位 37 岁的女工，名叫骆莲姊。她1979 年进"杭罐"，经历过辉煌的尾声，也目睹了最后的衰落。到兼并之前，她每个月只能拿 100 多元，物价年年涨，工资却不变。丈夫抱怨说，女人上不上班都一样，还不如回家带孩子。骆莲姊无话可说，只能多承担家务，还要时不时看家人脸色。等兼并后，她很快就想通了，手脚变得勤快起来。到发薪时，工资、补贴、超产奖金、月度奖，加起来足足 500 多元。从此，丈夫像换了个人，在家主动做饭、带娃、洗衣服，半句抱怨也没有。

骆莲姊的故事很普通，也很具有代表性。比她更年轻的员工，曾经对"杭罐"厂的前途更绝望。因为没有家庭负担，他们更加自由放任地对待岗位，很多人都曾一门心思发展"第二职业"，有人学烹饪，有人搞装潢。现在，他们发现做什么都不如在厂里安心工作强，于是全都回归到本职岗位上。

宗庆后带来的不只是高收入，还有新住房。在兼并大会召开四十天后，他就将一纸决定交给了规划开发部主任沈淑英，决定只有一句话：兹决定征地，建造本厂职工公寓 48 套。1992 年 7 月，五年来头一回，77 户"杭罐"老员工分到了新住房。

娃哈哈向员工分房将不止这一次。1993 年春，宗庆后在厂首届二次职代表大会上宣布了职工住房公积金制度，每个工人每年都能享受住房公积金，根据测算，多数工人只需要十年左右的积累，就能购得一套企业建造的住房。此时，距离《住房公积金管理条例》的颁布，还有整整六年时间。

兼并就是改革，改革离不开兼并。奉行"开明集权"的宗庆后，在 1991 年秋冬之际的"杭罐"改革战役中，成为娃哈哈的中流砥柱。当矛盾重重之时，他独有的管理思维犹如在孤城上竖起一面"宗"字大旗，向所有人展现出置之死地而后生的强悍。从此之后，这份强悍与他低调儒雅的外表交相辉映，最终浇筑到娃哈哈的企业灵魂中。

宗庆后的代表性意义，在当时就受到充分的重视。12 月 19 日，《浙江日报》《杭州日报》同时刊文，报道"杭罐"在兼并一百零六天后就扭转了三年亏损的消息。上海《文汇报》也刊发长篇通讯，对娃哈哈开创的新局面给予赞扬。两天后，宗庆后的名字出现在《解放日报》的头版头条，在题为《百日兼并》的通讯稿旁边，配发了《再论改革要有胆略》的评论员文章。据说，这篇评论员文章获得了来自中央领导的肯定和支持。

努力的必然性与命运的偶然性，交织影响着宗庆后，使他在人生中第一次成为中国官方舆论圈内的兴奋点。他是时代孕育出的骄子，也是被天命选中的幸运儿，他就此成为改革一线潮头的重要符号，而娃哈哈也获得了竞争对手难以企及的社会影响力，其价值直到今天依然未曾褪色，反而被赋予了更多全民记忆而弥足珍贵。

然而，扭亏为盈的现实、舆论光环的加持，并未解决宗庆后始终挂念的深层次矛盾，那就是娃哈哈的未来产品方向问题。

自从兼并"杭罐"后，娃哈哈儿童营养液的生产线工人始终冗余。虽然绝大多数人的收入增长了，但如此规模的企业，不可能永远只靠一条生产线、一个产品品牌。在创立娃哈哈之前，宗庆后曾无数次扪心自问"花粉营养液不行了该怎么办"，现在，他也要对娃哈哈儿童营养液发出同样的疑问。

在改革实践中，宗庆后的管理地位得到了确定，但巧妇难为无米之炊，他再开明、再集权，如果不革新产品，他也不可能凭空变出业绩，领导地位必然会遭受质疑和非议。宗庆后内心好强而自尊，他不容许这样的事情发生，他也不相信这会发生。

商业史上有过许多创业故事，每个成功故事的关键词都离不开"危机感"。比尔·盖茨经常告诫员工："我们的公司距离破产永远只差18个月。"微软怀着这样的危机感一步步扩大，在短短二十年内发展为全世界最大的软件企业。宗庆后没有以危言激励员工，而是用不断地思考和行动来传递决心。为了娃哈哈，为了杭州，为了所有人，他不能停下，员工也不能停下。

从此时开始，在宗庆后和娃哈哈员工之间，有一个词犹如命运的密码，始终发挥着至关重要的联络作用，让他和越来越多的下属心意相通。这个词就是"跟我做"。

## 从"跟我做"开始

"跟我做"三个字，脱口即出。这个词简单明了，人人都懂；这个词复杂艰深，值得领导者一生践行。

在娃哈哈食品集团公司，这个"我"是宗庆后。他既担任董事长、总经理，也是集团下属企业娃哈哈营养食品厂的厂长。尽管娃哈哈并非私营性质，宗庆后的职权同样来自政府任命，但在所有员工的心目中，他就是唯一的创始人，唯独他有资格能用自己的方式建立规矩，带动娃哈哈的运转与前行。

在兼并后，经历了短暂的磨合期后，娃哈哈的骨干员工对宗庆后产生了崇拜基础上的服从感。正如乔布斯、马斯克这些企业家拥有自己的粉丝群体那样，宗庆后在他每天长达 16 小时的工作实践中，也日积月累地吸引了成群的追随者。这些人无论身处企业何处，无论在执行什么任务，总是相信一件事，那就是跟着"宗老大"，不折不扣地完成其指示，实现其想法，企业就能茁壮成长，自己的工作和生活也会不断改善。

凭借这种自然形成而非外力强加的核心地位，宗庆后得以在相当长的阶段内，以最少的沟通和协调成本管理娃哈哈。

让员工们接受这样的"我"，无法靠其他途径，唯有"做"，才能在内部树立企业家个人品牌。在 20 世纪 90 年代初，娃哈哈集团内部流传着许多宗庆后的故事，几乎无一例外都和工作有关。

宗庆后在工作上是个急性子，他办事从不喜欢隔夜。无论什么时候，只要他想到了问题，就会立即让人请对应的部门领导来商谈。他的工作时间表也总是自己定，比所有部门的时间表都紧张而密集，凡是跟过他的年轻助手，都觉得有些吃力，却又乐在其中。

1991年6月，宗庆后前往青岛了解市场销售情况，一天的紧张忙碌之后，他刚回招待所，杭州来电报告了坏消息：重要的原料鸡肝告罄，如果两天内不能调货，生产线就会停。

宗庆后马上放下饭碗，从青岛跟车前往连云港。深夜时分，他们抵达目的地，在车上和衣打个瞌睡，等天亮就奔赴供应商的发货点，督促发货进程。等一切协调好，已是中午11点，宗庆后跟着货车，马不停蹄地往杭州赶，路上连停下来吃饭的工夫都没有。紧赶慢赶，他们终于在第二天清晨赶回厂里，此时，早班工人还在进厂的路上。

宗庆后折腾了两天两夜，确保生产线没有停机。年轻人劝他回去休息下，但他摆摆手，又精神抖擞地走进办公室。临进门前，他还回头示意同行的司机快回去休息。

集团初创的那几年，宗庆后事事身先士卒，这个习惯早在他承包校办经销部时就养成了，到此时更是发扬光大。他不放心原料，就亲自带着供销人员到各地考察。他不喜欢设置收购站，而是喜欢将利益直接交给农户，企业也能减除中间环节、降低成本。他在山村里到处跑，和种植枣子的村民们面对面谈成色、谈价钱、谈产量。为了进山，他毫不在意地跳上农民的手扶拖拉机，在"突突突"中一路颠簸远去，那形象简直就像旧时代小说里收山货的小商贩。

论职位，他早就是国企领导，能享受良好的待遇，他却甘心放弃这些，变成了"高级采购员"。有这样的老板，无论谁当采购部门领导，都只会认真踏实地履行使命。

外出时的宗庆后不怕吃苦，厂区里他也是普通一员。有一次，他从外地采购蜂蜜归来，跟车回到厂里，已是半夜2点。他顾不上休息就卸货，扛着沉重的蜂蜜桶，很快汗如雨下。刚下夜班的工人们看见了，纷纷站起身来，抢着参加卸货。等大家都忙完了，宗庆后吸完一根烟，歇了口气，又跳上车走了。

宗庆后很少用长篇大论去教育员工，而是让员工看见他如何行动、如何付出，再不知不觉地被感染和带动。某个夏日的下午，一辆 5 吨重的运煤卡车进了厂，尚未卸货，眼看着雷阵雨就要倾泻而来。宗庆后跑出办公室，冲下楼，在雨水中跳上车，挥舞着铁锹将煤装进箩筐。楼上有人看见了，惊呼道："那不是总经理吗！"随后，一扇扇门打开了，以前安坐办公室的人们，纷纷拿着铁锹跑下楼，集结到车前，和恶劣的天气赛跑。雨水淋湿了衣衫，他们没有抬头；雨水浸泡了鞋袜，他们没有抱怨。车上车下，这些原本穿着白衬衫、白裙子的先生女士，现在一个个都成了落汤鸡，成了铲煤工。

在所有人的努力下，煤保住了。雨过天晴，宗庆后抹去脸上的水，和身边人点点头打个招呼，就继续忙去了。他觉得这一切都很平常自然，只不过是工作中的一件小事。但身为集团总经理，他的行事风格润物细无声地渗透到每个人的灵魂里，塑造了管理团队的态度和习惯，创造出令人瞩目的娃哈哈。

兼并"杭罐"后，娃哈哈的规模扩大许多倍，宗庆后要做的事情更多了。但无论他在忙什么，始终都会腾出一部分注意力，盯紧产品质量。这是他始终在"做"的事，也是企业始终"跟"的方向。在这里，每天灌装下线的营养液产品以十万瓶计。如果按常规，在对原液进行质检合格后，对原液基础上的成品只需要抽检就行了。但宗庆后要求更高，他对质检部门说，必须对每一支营养液都进行灯光检验，如果有一支漏检，就要罚质检员的奖金和工资。即便是对产品最后的包装工序，宗庆后也极为重视，产品出现漏装、少装或者忘贴商标等问题，员工同样会受到严厉处罚。

作为厂长、总经理、董事长，宗庆后也随时关注消费者对产品质量的意见。有一天，浙江省萧山市（现萧山区）有人打来电话，说在当地商店购买的营养液产品颜色和过去不同，担心是买到问题产品。

电话是上午 10 点打到集团办公室的，中午时分，宗庆后就带着质检员驱车去了萧山。他们直奔消费者家中，仔细检验产品，发现色泽变化是由于不同批次采用的蜂蜜蜜源不同，对营养液的质量毫无影响。

消费者满意地笑了，每次碰到这样的事情，宗庆后都是第一时间履行责任，确保产品与服务的质量。他用自己的"做"，起草了与整个企业之间的互信契约，也赢得了每个工人与他的共识：做好手头任务，是对每个顾客应尽的职责。

凭借"做"，宗庆后在娃哈哈形成一股巨大的向心力和凝聚力。他不仅要持续"做"，还要越做越多、越做越好。因此，早在兼并初期尚未停下罐头生产线时，宗庆后就思考了产品多元化的可能。他希望娃哈哈能开发新的儿童饮品，将品牌从一根手指变成一个拳头，将短期的优势锁定为持续的领先。唯有如此，对"杭罐"的兼并才能获得更大价值，完成企业的全面升级。

宗庆后即将要做的，是市场上新出现的儿童饮料产品，名为果奶。

## 送出果奶新品牌

果奶的诞生，与牛奶饮品走入中国千家万户有密不可分的关系。年轻父母在此时养成了习惯，督促孩子每天饮用牛奶，以此补充钙质、蛋白质和氨基酸。但牛奶味道单一，孩子喝几天就会皱起眉头。以广东"乐百氏"为代表的多家饮料企业，顺势推出果味奶产品，颇受市场好评。

根据宗庆后的指示，研发部门推出果奶、八宝粥和绿豆沙等几个新品样品。他带着下属们一一品尝，又重新梳理分析市场情况，最后选中果奶作为娃哈哈率先推出的新产品。

果奶和营养液的诞生大不相同。当初，儿童营养液市场完全空白，等着娃哈哈占领。而现在的果奶行业"硝烟四起"，后来者除了瞄准市场同类畅销产品，改变口味、配方和包装之外，没有太多创新空间。即便采用"宇宙流"广告轰炸模式，也很难将别人占领的市场夺到手中。

宗庆后集权也集智，总是会在听取各类意见后再做出重大决策。他召开了好几次"头脑风暴"会议，参会者要围绕新产品的市场营销方案拿出点子，所有人畅所欲言加以评议。核心目标只有一个，即用最快速最有效的渠道，将娃哈哈果奶推入市场。在几轮讨论后，大家都认为赠送的方案很好，因为娃哈哈已经有了成熟的销售代理体系，通过这一体系，将产品迅速送出去，让消费者看到实惠，产生兴趣，果奶品牌就能建立起来。

1991 年的最后几天，《钱江晚报》和《杭州日报》上突然出现一则广告，让市民们为之惊喜。广告说，只要剪下报上的标识，就能到分布全城的 40 多家销售门店免费领取果奶，时间分别是 1992 年的元旦和 1 月 3 日两天。

把女孩比作鲜花毫无创意，但第一个把女孩比作鲜花的人就是天才。在商业领域同样如此。今天，到处都能看到各种赠送方案，消费者对此已见怪不怪，甚至怀疑其中暗藏"套路"。而在三十多年前，赠送却非常少见，不必说市民们将之当成新鲜事，连国外媒体驻华记者都发掘出了其中的新闻意义，他们中有人这样写道："今天，在社会主义的中国，终于出现了琢磨消费者心理并懂得市场营销的企业家。"

面向城市里的几百万人口，同时开展大规模赠送行动，无论在那时还是现在，都不是普通企业能做到的，它考验着企业的综合管理能力，关系到仓储、物流、代理、广告、财务、人员等各方面细节问题，但凡其中有一个解决不好，营销活动就可能陷入全面失败。

根据宗庆后和下属的估算，会剪报参加活动的人数最多只有 30 万。这个数字是根据两份报纸发行总数上百万份，再乘以 30% 计算而来的。但他们低估了国人对赠送的热情。此后连续几天，报亭里的《钱江晚报》《杭州日报》总是被抢购一空，机关单位订阅的报纸也"离奇失踪"，在有些地方，公共阅报栏上的报纸也被剪出了空洞。在长期处于物质资源匮乏后，人们对任何能白拿的东西都充满兴趣，更不用说早就名声在外的娃哈哈了。

到 1992 年元旦，赠送活动进入高潮。前一天晚上，14 万瓶娃哈哈果奶已被运送到全市 22 个分发点位。上午，商店刚开门营业，门前的人群就挤走了营业员，冲进了店内，高举着剪报要求兑换果奶。在门外，迟到的消费者踮起脚，焦急地向里张望……

很快，14 万瓶果奶分发一空。领到果奶的人喜笑颜开，没有领到的人垂头丧气乃至骂骂咧咧。按照原来的计划，总共只准备了 30 万瓶果奶，但这显然不够！

不满的声音很快聚拢起来。人们对娃哈哈有了质疑，这家企业到底是否讲信用？说好的免费赠果奶，为什么到我就没有了？

原本应计划周全的赠送活动，眼看就要走向失控，品牌没有建立起来，商誉却受到了质疑。孙建荣满脸都是焦急和困惑，一头撞进总经理办公室，将各分发点统计的缺口数据报告给宗庆后。

"这是好事啊！"宗庆后手中的烟卷发出幽幽光点。他微笑说："我们搞赠送活动是做什么？就是为了消费者能关注我们。现在市场的关注程度超过我们原有的设想，难道不值得高兴吗？"

孙建荣表情略微轻松，但马上又担心起来："可是眼前的赠品问题怎么办呢？"

宗庆后自信满满："坏事变好事，我们就要把好事做好。不管投入多少，我们都要信守向全社会做出的承诺。"

他立刻召开了会议。在会上，他将酝酿已久的方案部署下去：一部分人立即联系各大报社，刊登道歉启事，内容大意是由于未能预料到赠送场面火爆，导致暂时缺货，特此表达歉意。娃哈哈特此重申，凡持有剪报票据者，将在近期获得赠品。宗庆后通过主动表态，既化解了品牌的信任危机，又相当于再次点燃赠送话题，在市场上引发新的讨论和关注热情。这样的处理措施，即便在移动互联网化营销的今天，也是非常专业高效的典范案例。

与此同时，另一部分人员被紧急动员起来，参加果奶生产、配送，协调和销售门店的合作，加快赠品的分发速度。

宗庆后的双管齐下战术，很快产生奇效。他干脆宣布，将赠送果奶的时间长度继续延长，一天、两天、三天……1992 年的元月，娃哈哈每天安排 80 多名员工和十几辆卡车，专门负责向门店运送赠品。直到 2 月 10 日，最后一位顾客将剪报交到兑换窗口，娃哈哈才宣告完美兑现承诺。整场活动送出 50 多万瓶果奶，比原计划超过 20 万瓶，付出成本超过 60 万元。但当活动结束的时候，所有人都能肯定，这是又一场漂亮的营销胜仗！

直到后来，外界才清楚，那多出的 20 万瓶果奶确实需要赶工，但不至于赶工一个月。在最初的迅速反应之后，宗庆后来了个反其道而行之，他指挥公司刻意拉长了免费赠奶活动时间。因为他突然意识到，延长活动时间能产生更好的营销效果，并不亚于赠送本身。这件事持续的时间越长，对娃哈哈果奶品牌就越有价值。

活动结束时，娃哈哈果奶的形象已烙到消费者心中，不仅孩子们爱喝，一些年轻女性也对其情有独钟。电视广告的轰炸在其中功不可没，即便从未品尝过，但只要听见"甜甜的酸酸的，营养多味道好"的歌声，人们就会想到这首广告歌曲结尾那稚嫩的童声："妈妈我要喝，娃哈哈果奶。"

在杭州本地确立果奶品牌只是开始，宗庆后的计划是进一步向各地拓展。这次的第一站并非上海，而是南京。但他并未想到，南京城将发生的"黑天鹅"事件，差点让果奶品牌折戟沉沙。

第六章

# 无惧前行，直面危机与合作

经过这次洗礼，宗庆后变了，他变得更为自信、认真、果断而富
有热情和想象力。他越发明白，当企业越做越大，碰到的阻力类型会
更多。为此，企业应该尽量在竞争中开展合作，将或明或暗的对手尽
可能变成朋友，减少自身阻力，实现多方共赢。

## 风惊雨过金陵城

1992 年 3 月初，娃哈哈果奶顺利进入南京市场。两个月不到的时间形成气候，日销数量 70 万瓶，当地大经销商担心断货，也效仿之前的营养液代理商，直接派车到杭州，停在成品车间外面随时提货。

南京市的销售情况，仅仅是全国市场的缩影。进入 5 月后，娃哈哈果奶在全国市场销售额达到 300 万元，全厂职工满负荷运转，加班加点满足市场需求。

娃哈哈果奶的崛起，在冲击既有的市场格局。多方面因素影响下，一则被写入这家企业历史的新闻报道出现了。

6 月 5 日这天，在没有任何预警的情况下，南京市卫生防疫站通过《南京日报》、南京电视台面向社会宣布，娃哈哈果奶饮料的蛋白质、脂肪含量不符合《含乳饮料卫生标准》，因此不得在南京销售，任何违反者将会被没收产品并处以重罚。

字越短，事越大。在南京及其周边城市，一场针对娃哈哈果奶的舆论风暴迅疾席卷。各地报纸如同早已商量好的一样，纷纷转载消息，让迷惑的消费者变得越发紧张。有人开始筹划集体诉讼，想要更大规模维权……一百多天来，娃哈哈在江苏省营造的品牌信誉瞬间崩盘，没有人敢再销售他们的产品。上海、安徽、浙江等地的经销单位也通知娃哈哈，要求中止销售合同或退货，一箱箱果奶只能积压在仓库里，造成了巨大的经济损失，仅在南京市区，娃哈哈的损失就高达每天 50

万元。

与可衡量的直接经济损失相比，品牌的间接损失更大。畅销不衰的娃哈哈儿童营养液销量急剧下降，之前在南京，不少经销单位原本每天可销 200~300 箱该产品，而当新闻传出后，每天的销售量下降到了 6 箱。

或许是巧合，也可能有关联，宗庆后此时正远在印度尼西亚考察市场。当孙建荣将初步情况向他汇报后，他立即回国。路上，他的情绪如同坐过山车那样高低起伏，先是震惊，再是气愤，继而疑惑。

宗庆后的疑惑并非空穴来风。他想到 3 月初，娃哈哈市场部派人前往南京推销产品，根据南京市卫生防疫站的要求，市场部呈递了食品广告审批表。防疫站执法人员专门到杭州进行全面审核，在同意结果上盖了公章。为什么短短两个月后，情况就急转直下？

他又想到，娃哈哈果奶在生产初期，经过了杭州市食品卫生监督机构审查，认为该新产品并无国家标准可依，由企业自定标准报浙江省卫生厅审定，并经过标准技术监督部门审定备案，已经具有了生产销售的法律依据。为什么同样是食品卫生监督机构，在南京就给出了不同的结论？

原来，南京卫生防疫站使用的是《含乳饮料卫生标准》（GB 11673-1989），该标准施行于 1989 年，主要针对以鲜牛乳为主要原料并加入适量辅料而制成的饮料产品。而娃哈哈果奶的主要原料是奶粉、果汁和蔗糖，属于全新产品，并不适用于该标准，也就不能以此断定产品是否合格。

即便以旧标准衡量，娃哈哈也并无理亏之处。旧标准规定含乳饮料的菌落总数最多应为每毫升 1 万个、大肠菌群数上限为每毫升 40 个，而娃哈哈的企业生产标准要求远高于此，规定数值分别是 100 个以下和 3 个以下。这足以说明，娃哈哈果奶执行的标准更加严格，对消费者更加健康。

娃哈哈真正和旧标准有出入的项目，是脂肪数值偏低，但这并不会直接影响孩子的健康。为什么要一禁了之呢？更何况，本次抽检完全针对外地产品，在不合格的 12 个产品中，唯独娃哈哈果奶遭受了禁宣传、禁销售的广告，这又是为什么？

带着上述疑问，宗庆后认为，南京卫生防疫站如此直截了当地通过新闻媒体宣布产品"不合格"，是非常草率的决定，给予了娃哈哈不公正的待遇。

想到这里，宗庆后决定向浙江省政府有关部门汇报，请求"娘家人"的支持。

6 月 6 日，浙江省标准计量局向江苏省标准计量局发函，提出以旧标准衡量娃哈哈果奶产品的依据不足。同时，该局也向国家技术监督局、卫生部发文请示。

值此关键时刻，宗庆后也没有停下积极的自救行动。他从国外打电话给总经理办公室杜建英，让她立刻从南京飞北京，主动出击，争取获得国家有关部门的支持。

杜建英领命北上，和娃哈哈在北京办事处的同事会合后，每天到卫生部、技术监督局那里去反复解释，据理力争。他们讲企业如何艰难发展成长，产品如何受到市场欢迎，也讲南京事件的误会之处，讲事情再发酵下去会影响到多少员工和家庭……

在杭州，宗庆后和娃哈哈全体员工，正经历着寝食难安的煎熬。从南京无端招惹的负面消息已经开始扩散，全国各地的销售量都在下滑，这场风暴随时都可能变成动摇娃哈哈根基的地震。

最长的十天，就这样一分一秒度过了。6 月 17 日，北京来电：国家技术监督局作出了书面批复，同意浙江省标准计量局意见，认为不应根据旧标准判定娃哈哈果奶存在质量问题。6 月 22 日，国家卫生部卫生监督司也专门发文，同意娃哈哈果奶继续生产销售。

有理走遍天下。宗庆后相信国家是公正的，监管部门也是公正的。他松了一口气，全体员工也放下心来。

但事实证明，宗庆后松早了。南京市相关部门提出，娃哈哈果奶可以销售，但是必须改换新标签，否则产品必须从南京拉回杭州。

听到这个消息，宗庆后的心情再次跌入冰窟。他无法理解，为什么在国家级监管部门都已给出指示的情况下，还会有人节外生枝，额外增加条件。6月26日，他带队来到南京，与职能部门的有关领导坐到一起。

宗庆后内心坦荡，无所畏惧。他说："我们娃哈哈果奶从生产到销售，每个环节、每道工序，都经过了严格检测把关，相关手续也是合法齐备的！"

对方态度也很强硬，表示是按照国家标准检验和查处，并没有任何问题。

公关部经理孙建荣愤懑满怀："如果产品确实有问题，我们愿意遭受处罚。但现在，果奶受到南京消费者的欢迎，国家卫生部、质监局也发文了，这一切为什么改变不了你们的决定？"

无论他们怎样申诉，对方都表示结果不能改变。无奈，宗庆后又一次请杭州市政府出面。7月5日，杭州市政府派出以副市长徐兆骥带队的工作小组，抵达南京，开始了为期三天的协商。

为了具体的产品销售事宜，两大城市的高层政府领导坐下来协商，在我国改革开放历史上也不多见。经协商，双方达成共同意见，南京市卫生局应在报纸媒体上刊登通告，宣布娃哈哈果奶可以继续销售。对通告内容，双方字斟句酌，最后确定为："根据卫生部最近的文件精神，杭州市'娃哈哈'果奶可以继续销售。因此，准予在南京市场销售。"

在协议书上，南京市委、市卫生局的相关负责同志签字，在场的南京市副市长也表示同意。此时，是7月6日。

直到7月12日，《南京日报》一个不起眼的位置上，才出现了落款为南京市卫生局的通告。在表态同意娃哈哈果奶销售之后，一句备注突兀地戳进宗庆后的眼睛里："并于8月15日后使用新的标签和说明书。"

这个"备注"和协议结果显然不符，会继续让市场误会，让消费者担心。

噩耗传来，孙建荣绝望、气愤、自责，他的理性防线失守了。在宾馆房间内，他写下遗书，吞下一瓶安眠药，想要以死明志！

## 败北"美食城"

孙建荣是幸运的，幸运在他身处娃哈哈这样的集体里。在多日观察中，同事早就发现他不对劲，他服药当晚，同事发现及时，立刻破门而入，将他送往医院抢救，才避免了悲剧的发生。

听说消息，宗庆后被彻底激怒了，他热泪盈眶但又无能为力，一根接一根地抽烟，长久地沉默在烟雾缭绕中。他是自谦的，愿意就产品标准问题和任何人进行任何形式的讨论，他也能面对来自不同方面的或善意或恶意的批评，但他也是倔强的，无法接受不公平的审判，无法面对"欲加之罪，何患无辞"的诽谤。

创业多年，他和许多企业家那样，在不同时刻给人留下不同印象。在员工眼里，他有时严格如师长，有时又宽厚如长兄。在合作者眼里，他有时精明得连一分钱都能算到，有时又会大方地分出厚重的红利。但在所有人眼里，他都从未有过如此自感无能的表现。

宗庆后先是派人在南京联系报纸媒体，想要刊登题为《娃哈哈果奶痛别南京》的公告。媒体朋友为之惊愕和惋惜，但没有人刊登。这让宗庆后更为上火，他亲自起草了一份《我们的声明》，准备到处张贴，再组织 50 辆大客车上街宣传，让广大消费者知道真相。

当然，这些都只是他在气头上的冲动想法，并不可能真正实施。在冷静下来后，宗庆后决定在南京召开全国媒体见面会。

会上，他如实介绍了前因后果，毫不掩饰企业目前的困境，也陈述了自己激愤的心情。说到动情处，他眼泛泪光，但语调依然铿锵有力。来自全国的记者终于了解到真相，众人顿时陷入哗然，随即油然而生出职业的正义感。人民日报社、中央电视台、中央人民广播电台的记者率先站了出来，用笔为娃哈哈呐喊，为娃哈哈正名。

1992 年 7 月 30 日，《人民日报》一版刊发了《石头城里"果奶风波"》一文，并配有短评《要服务不要设阻》。这篇通讯以客观的视角，向全国读者披露了这次风波关联的种种问题，让消费者和市场充分了解到事实真相。文章最后总结说："在新事物、新情况层出不穷的年代，法律、规定相对滞后是难免的。问题是我们的执法机关不能只说这也不行、那也不行。应该义不容辞地为新事物鸣锣开道。"[1]

站出来的并非只有《人民日报》。这篇通讯迅速出现在《经济参考报》《工人日报》《浙江日报》等媒体，中央电视台和中央人民广播电台分别作出评述性报道，成为改革开放历史上少有的集团性涉企事件报道。

所有问题都解决了。南京市所有经销商都在向娃哈哈打报告，要求继续发货。在其他地区，往日的旺销景象也得以恢复。当风波平息，宗庆后感到从未有过的疲惫，他说不清这一切因何而起，但他也从内心涌起对政府、对媒体的感激，他坚信，在社会主义法治的中国，事情总是能说清楚的。

经过这次洗礼，宗庆后变了，他变得更为自信、认真、果断而富有热情和想象力。他越发明白，当企业越做越大，碰到的阻力类型就越多。为此，企业应该尽量在竞争中开展合作，将或明或暗的对手尽可能变成朋友，减小自身阻力，实现多方共赢。

然而，在企业家成长的道路上，不可能只有一两次暴风雨。与其他企业家一样，宗庆后不仅要应对外界的竞争打压，也必须学会从自身的失误里汲取教训。

[1]高海浩，陈淦.石头城里"果奶风波"[N].人民日报，1992-07-30（01）.

事情同样发生于 1992 年。5 月，娃哈哈集团与杭州工商信托投资公司、桐庐王家蜂业经营部（浙江金义集团前身）联合筹建杭州娃哈哈美食城股份有限公司，并向中国人民银行浙江分行递交申请，要求公开发行美食城股票。

这是宗庆后涉足资本市场的先声。从 1981 年开始，他先后在杭州工人业余大学、中国厂长（经理）工作研究会、浙江省电视大学、杭州市委党校等机构学习，对企业管理、产权理论等有了深入的认识。到 1992 年初，宗庆后借鉴多家企业发展案例，想出了让娃哈哈上市的方案：以娃哈哈集团为发起人，联合其他社会力量，吸纳职工集资投入，成立一家独立于集团外的有限责任公司，再以该公司上市的方式，保障职工利益，募集更多的企业发展资金。资金将主要用于两大项目，一是在杭州市中心的庆春路上建造美食城综合商业大厦，规模为华东地区最大；二是在杭州下沙征地 300 亩，作为娃哈哈的食品生产基地工业园区。

事情刚开始很顺利。1992 年 9 月，浙江省政府和中国人民银行浙江分行相继批准宗庆后的请求，确定注册资金为 1.83 亿元。在其果断的领导作风下，到 1993 年 2 月初，娃哈哈美食城股份有限公司正式成立，美食城大厦开始破土动工。

这家新公司的产权结构显然比娃哈哈集团清晰而合理。其中，娃哈哈集团出资 4000 万元，持股 20%；杭州工商信托投资公司和王家蜂业经营部分别持股 19% 和 0.5%；其余部分为内部职工和社会溢价发行募集，其中内部职工持股占到了一半以上。如果企业能成功上市，宗庆后本人和管理层、员工都能获得可观收益。

但企业上市既是大事，也是难事，在资本市场刚诞生不久的 90 年代则更为不易。麻烦接踵而来，先是美食城工程一拖再拖，由于宗庆后在大型项目建设方面的经验不足，原计划两年建成的美食城大厦，直到 1998 年才竣工，资金沉淀其中长达六年。在此期间，股东们关注的并不是大厦，而是认定"娃哈哈"的品牌，在他们眼中，美食城和集团公司就是同一家，既然娃哈哈企业发展得如火如荼，美食城就必须分红。

尽管当初在招股说明中已经写清了三年不分红的条款，但宗庆后顾及集团声誉，再加上股东们大部分都是娃哈哈企业的员工，他主动选择了妥协。从1993年到1995年，娃哈哈集团按照美食城股票面值的30%向个人股东分红，总共分掉了1.15亿元。这种额外的分红凝聚了集团的人心，但也增加了美食城股份公司的负担。

在美食城公司成立之后，宗庆后要花的钱远不止分红。1995年，娃哈哈杭州下沙基地建成投产，但只有工业园硬件不够的，还需要先进的国外生产设备、生产技术、管理经验与之相配套，才能让资源充分发挥价值。想要获得这些，又需要大量的资金，娃哈哈唯有克服困难，尽快将美食城公司上市，才能满足融资需要。

当时，上市的指标非常不容易拿到。宗庆后凭借多年来对地方教育事业的持续贡献，于1995年下半年从国家教委获批了一个上市指标。但他忽视了上市时机并不成熟，由于"个人持股比例超高"，省市相关部门并没有审核同意上市计划。

宗庆后认定的事情，再怎么艰难也要做到。他多方奔走，经过一年的坚守后，上市机会再次朝他露出微笑。1996年5月，国家较为正式下达娃哈哈美食城的上市额度3350万元，并要求浙江省有关部门予以配股。后者在接到国家教委的下文后，同意娃哈哈美食城上市，并配发500万元上市额度。这样，美食城总共获得了3850万元的上市额度。

很快，娃哈哈美食城的上市材料上交到了中国证监会，只要通过审核，上市之路就会畅通无阻。一周、两周、三周……证监会却迟迟没有给出反馈，哪怕是修改要求也未提出。宗庆后预感到情况有些不妙。

直到1998年3月，证监会正式否决了娃哈哈美食城股份有限公司的申请。官方给出的原因只有几页纸，主要指向负责上市申报的××信托投资公司、××会计师事务所、××律师事务所提交的材料存在问题，违反了有关法律法规的规定。娃哈哈美食城上市申请被否决的同时，这三家中介机构也被处以警告和罚款。

宗庆后白手起家，从未遇到过这样的失利。在南京城的遭遇，他还可以用惨胜来劝慰自己和下属，企业也确实没有任何违规之处，得到了国家层级监管部门的肯定和支持，可谓问心无愧。但为了美食城上市，他花费六年心血，集结了许多人的力量与希望，最终换来的却是如此结果。这让自尊心很强的宗庆后，第一次产生强烈的挫败感。

但宗庆后毕竟不是一般人，对上市失败，他早已在等待中有所预期，更不会就此低沉。从阴影中走出的同时，他也学到了新的一课：创业初期，可以靠个人能力、威望和关系来打天下，但随着企业规模扩大、需求增加，想要守好这份基业，所有的经济活动都要遵循既定的游戏规则，领导者应慎之又慎，才能确保企业规范有序、健康成长。

# 西进，西进

清朝末年，宗庆后的曾祖父客居重庆，在当地得了"二品武官"的头衔。后来，他的爷爷又娶了万县[1]籍贯的奶奶，才有了宗庆后的父亲。宗家和四川的缘分，从那时结下了不可割舍的牵连。

或许是为了让重逢留到最好的时机，曾经天南海北跑销售的宗庆后，从未有机缘到重庆和万县。直到 1994 年，他代表娃哈哈集团走进了涪陵三峡库区。

这一年，我国三峡水利工程即将正式动工兴建，全国掀起了支持西部开发、支援库区移民建设的浪潮。8 月，浙江省派出代表团考察对口支援的涪陵地区，宗庆后是代表团的一员。

涪陵城依江傍山而成，风景优美但经济落后。千百年来，它地处川鄂之间的要地，如今成为三峡工程重点库区。当宗庆后仔细了解这座城市后，它又增添了特殊的意义，俨然被定位为娃哈哈西进的"桥头堡"。

此时，娃哈哈的产品占据了全国大片市场，营销网络遍布城乡，并通过"联销体"的构建而不断下沉，扎根于农村。与此相比，娃哈哈在生产环节上略显不足，实体企业规模始终局限于杭州。宗庆后志存高远，对自己和企业的期许绝非一时一地所限，在他的构想中，必须先将企业规模推向浙江之外，再覆盖全国乃至走向世界，这才是值

---

[1] 1992 年，设立地级万县市。1997 年正式划属重庆市，设万县区。

得他用生命追逐的目标。

1993 年，娃哈哈仅用了十个月就超额完成全年指标，产值达到 4.8 亿元，利润 9600 万元，宗庆后荣获"全国五一劳动奖章"，娃哈哈则在中国 500 家利税总额最大的工业企业榜单上排名 271 位，居中国食品制造业企业第一位。

但宗庆后还是保持着宠辱不惊的淡定，他没有庆功，而是喊出了"二次创业"的口号。1993 年 5 月 28 日，下沙基地在杭州经济技术开发区破土动工，在轰鸣的礼炮声里，面对喜气洋洋的员工，宗庆后的话语充满激情："虽说娃哈哈创业仅六年就拥有了 2 亿自有财产，得到了外界的一致赞叹，但我们的目标并不仅仅如此，现在也不是放松止步的时候，我们要开始第二次创业，再造一个娃哈哈。"[1]

这并不仅仅是豪言壮语。按娃哈哈当时的生产能力，每年生产数十亿瓶各类产品，总共需要几万个火车车皮运输。娃哈哈为此承担巨大的运输成本。当企业继续发展壮大，运输成本会对应增加，势必成为新的瓶颈。宗庆后考虑的是如何打破瓶颈，实现"产地销售"。为此，提前向西部市场落子布局，无疑是值得考虑的方案。

恰逢此时，国家实施西部大开发计划，三峡水利工程的启动、支持西部开发的热潮，将宝贵的机会推到宗庆后面前。当他漫步在涪陵时，一股难以抑制的感觉在胸中回荡。他相信，这不是甘于平凡的城市，即便它曾经相对落后，但在中央关注、全国支持下，它迟早将成为企业的最好舞台。英雄主义色彩的社会责任感，让宗庆后对在这里投资产生了热烈冲动，而精明的企业家思维，则让他理性地认识到，这是一个低成本二次创业的好机会。

当地政府听说娃哈哈集团有投资意愿后，顿时积极响应。为表示诚意，涪陵市（现涪陵区）政府主动提出了多项优惠政策，还给出一

---

[1] 高超. 娃哈哈方法 [M]. 北京：中国工人出版社，2004：174.

份特困国有企业名单，希望娃哈哈考察兼并的可能性，其中包括涪陵糖果厂、涪陵罐头食品厂和涪陵百花潞酒厂。宗庆后随即指定娃哈哈组成实地考察团，其成员为 22 名中层干部，分别来自质量、采购、能源、销售、人事等各领域管理岗位，对投资涪陵的可行性做深度调查。

不久后，考察团调查结果出炉，众人一致反对在涪陵投资，其中理由包括交通不便、气候条件不适宜、原材料质量不佳、待兼并的企业设施陈旧等。

宗庆后对着报告陷入沉思。报告上罗列的问题他全都清楚，但他既然是娃哈哈的创始人，是这艘大船的船长，就不能只将注意力集中在对细节的论证上，而是要把眼光投到宏观战略层面，去考量现实和未来之间的距离。除了调查报告上的内容，他在涪陵看到了创业成功的要素，那就是希望。

是的，娃哈哈的家业大了，需要重新排兵布阵，需要新的根据地。但如果那是所有竞争对手都能想到的地方，又能创造多大价值、带来多大希望呢？一味求稳，只照顾眼前的得失，企业发展的节奏可能会纹丝不乱，但失去的是攀登新高度的可能。

宗庆后放下了调查报告，再也没有打开。他下定决心，要率领部下西进，跨越地域的鸿沟，跨越人心的鸿沟！

1994 年 11 月，娃哈哈与涪陵地方政府签署协议，成立杭州娃哈哈集团公司涪陵有限责任公司。当地政府向新成立的公司投资 4000 万元，娃哈哈以设备和流动资金入股，也投资 4000 万元。该公司兼并了名单上三家国有企业，统一安排三家企业的所有员工，并负责安置 1200 名三峡工程移民。宗庆后当选为合资公司董事长。

涪陵市政府向这家企业送上了新生礼物。他们承诺，娃哈哈不承担三家企业的原有债务，还将当地一个矿泉水源行政划拨给娃哈哈，用于建设矿泉水厂。他们还提出，双方在四年内不分红，将所有利润用于扩大再生产。

宗庆后的性格向来是"人敬我一尺，我敬人一丈"，作为回礼，他表示娃哈哈将保证在四年内实现净利润7560万元，净资产1.56亿元。如果不足此数，娃哈哈集团公司将补偿70%！

这样的礼物，不可谓不厚重。涪陵市政府领导高兴得合不拢嘴：看来，请宗庆后来真是请对了！

宗庆后也提出了对等的条件：如果企业能超额完成利润指标，超额部分的70%奖励也要归娃哈哈公司。

对此，涪陵方面毫无异议。无论如何，他们都能在这份"对赌协议"中受益匪浅。

事情紧锣密鼓地开始了。11月，娃哈哈的首批技术和管理人员抵达涪陵，开始安装两条日产40万瓶果奶的生产线。宗庆后没有来，他人在美国，带着上千万美元，为涪陵公司选购一套生产纯净水的设备。12月，他回到杭州，开始说服集团的部分骨干员工能前往涪陵，写好西征的第一笔……

这次西征的难度，不亚于重温对"杭罐"的兼并。在下属的协助下，宗庆后很快用个人魅力和企业规则征服了涪陵人，他们压抑了多年的潜力得以激发，对未来的热情在胸中沸腾。在经历了最初的混乱后，娃哈哈涪陵有限公司很快融入了集团。到1995年，这家公司投产第一年就创下5678万元产值，利润403万元，当年就成为重庆市工业企业50强榜单中的一员。随后的几年内，这家公司的产值和利润不断翻倍，跻身重庆市工业企业的前15强。

事实证明，宗庆后向西部投资，并非只出于个人情怀或政治觉悟，他当初果断投入的4000万元资金，也促成了双方经济、社会和政治三方面的优势互补，让娃哈哈既收获了商业利益，也赢得了品牌美誉。

在涪陵的成功，让娃哈哈一举成为各地地方政府招商引资的重要对象。不少地方都在想方设法联系宗庆后。1997年，应当地政府邀请，湖北娃哈哈宜昌分公司成立，第二年销售额就达到1.3亿元，创利税4237万元。

随后几年，湖北红安、湖南长沙、河南新乡、河北高碑店、甘肃天水、辽宁沈阳、江西南昌、安徽巢湖、广西桂林、广东深圳……娃哈哈的生产基地和生产线越来越多，星罗棋布地闪烁在中华大地，它们以杭州下沙生产基地为核心，以清泰街娃哈哈总部为头脑，相互连接又分工合作，如同巨网罩住了市场。宗庆后的"产地销售"从此不再是梦想，而是现实中屹立不倒的基业。

# "'联销体'王国"诞生

"打江山易，守江山难。"20 世纪 90 年代初，娃哈哈凭借营养液和果奶在全国引领起儿童消费潮流。在外界的聚光灯下，宗庆后风头正劲；唯有他自己知道，除了市场竞争压力外，企业还要应对来自同一阵营的危机。这场危机更为隐蔽，更不容易发现，他在处理时如稍有不慎，娃哈哈很可能会就此坠入万劫不复的深渊。

危机来自娃哈哈的营销网络。企业创立初期，宗庆后将各地国有烟酒糖茶副食品公司作为重点营销渠道。这既是明智的选择，也有不得已的因素。1992 年后，农贸市场、批发市场如雨后春笋般在各大城市兴起，个体小批发商凭借快速灵活的价格反应、灵活多变的营销手段，迅速占领了原有市场，国有烟酒糖茶公司反而逐渐被挤到了市场边缘。

宗庆后少年时就做过小摊贩。他明白，从整体上看，寒风中叫卖的辛苦付出，肯定会比国有企业 8 小时工作制能带来更多的销售效益。他果断选择掉头，和原有合作伙伴告别，转而拥抱批发市场。

新的合作模式也会带来新的烦恼。宗庆后发现，私营经销商的灵活多变是一把双刃剑。与国有企业相比，他们的积极性高、竞争力强，但他们又是独立的商业个体，经常脚踩两条甚至多条船，同时代理销售几个厂家的同类竞争产品，哪家产品销量好、利润大，他们就主打哪家的产品。部分私营经销商"胆子"更大、"路子"更野，甚至敢主推来路不明的产品。面对群体化的经销商，一般厂家很容易被他们排挤到谈判桌的下风位。离开了经销商，产品就无法通过渠道走向市场、走近消费者，反之，离开了某个厂家，经销商可能活得同样滋润。

虽然娃哈哈已颇具实力，但在某些地区，大经销商掌控了局部市场，娃哈哈同样显得弱势被动。这些名义上的大客户经常拖欠货款，娃哈哈则患得患失，失去了应有的博弈地位。情况最严重时，娃哈哈总共被拖欠了上亿元的货款，营销风险、现金流压力，都背负在宗庆后身上。

此外，随着各地政策放宽、批发市场增加，经销商之间的竞争也变得更为激烈乃至无序。为了争取零售商，很多经销商恶性降价，如果降价后产品还是卖不动，他们就选择继续降价。当经销商的利润空间被压缩后，他们会对厂家不断施压，要求折扣、优惠，让厂家不堪其扰。而如果某地降价见效，产品销售情况转好，地域之间的价格差会固定下来，各地经销商之间随意"窜货"，经销渠道变得支离破碎。最终，企业会失去实际定价权，价格体系崩盘。

1993 年时的宗庆后就发现，企业财务账目上的应收款越来越多，而催款、要账成为他和各地省区经理谈论最多的话题。宗庆后意识到，企业再不去掌握渠道的主动权，就会被拖垮拖死。从年末开始，宗庆后开始在局部地区调整对经销商的管理方法，一套崭新的渠道管理模式随之诞生了。

1994 年春节后，娃哈哈在杭州举行全国经销商会议，这已是多年的惯例了。来自全国各地的经销商老总带着对新一年的憧憬聚集到这里，等待着宗庆后公布下一年的促销政策。大家都是"老江湖"，都很看重促销政策，政策优惠越大，自己的利润空间也就越大，而娃哈哈销售业绩也会同步上扬。

但这一次，他们注定失望。宗庆后平淡地宣布：从今年开始，经销商要按年度向娃哈哈集团缴纳保证金，否则即视为放弃经销商资格。

会场里先是安静了一小会儿，随即炸开了锅。有人表示抗议，有人作势要离场，更多的人满脸狐疑，不知道宗庆后为什么突然改了规矩。

宗庆后非常镇定地表示，大家作为娃哈哈的经销商，都有钱赚，这是不争的事实。娃哈哈每年都投入了巨额的广告费，经销商背靠大树，也不用自己再花钱做营销。另外，经销商预交的保证金，娃哈哈一样会给付不低于银行的利息，而且会给出特别优惠。

"在商言商"，此话不假。在场的大多数人听到商业利益没有受损，就像吃了颗定心丸，嘈杂声随之消失了。

宗庆后环顾这些熟悉的面孔，改换了温和的口气说："我们集团需要有一定经济实力、良好信用和先进营销理念的合作伙伴，这样才能跟得上市场发展变化。如果你连保证金都不愿意交，或者交不起，你又怎么体现能力、信誉和合作的诚意呢？对不对？"

紧接着，他宣布了正事，娃哈哈将要和所有经销商捆绑在一起，建立经销商和厂家、经销商和经销商之间的利益与信誉共同体。他将之称为"娃哈哈联合营销体"，简称"联销体"。

听见这个新名词，人们愣住了。宗庆后不失时机地介绍说，在新体系内，娃哈哈会为特约一级批发商规划其营销范围，集团总公司会通过各省、市、自治区的分公司，和"诸侯"保持紧密的合作关系。在每个特定区域内，娃哈哈只会发展独有的一级批发商，保证其独享当地市场利益。此外，分公司还会在当地全力协助一级批发商发展特约二级、三级批发商。

台下有人点头，觉得老宗这一手做得很漂亮。

当时，经销渠道的各种乱象，让不少厂家深受其害。有些厂家趁着产品畅销，就搞出"驱虎吞狼"的计策。他们动辄在某个特定区域发展两家甚至多家经销商，希望通过这些经销商之间的内卷式竞争，扩大当地的销售额。宗庆后对这种做法嗤之以鼻，认为是短视的自利行为。厂家看似坐收渔利，但时间一长，经销商之间的恶性竞争就会将市场搞乱，将品牌搞垮。正因如此，他要通过"联营体"模式，在每个区域内保证经销商的独家利益，任何一家都不能越界去其他区域搞动作，否则就会被取消经销商资格。

一言以蔽之，宗庆后要的不只是销量，他要为"娃哈哈"品牌建立营销游戏规则，要确保所有销售者都遵守这套规则，也保证这套规则能保护所有销售者。按照规则，所有特约一级批发商要缴纳当年销售任务总额十分之一的保证金。经销商每次进货，都要和娃哈哈结算一次，只要发生业务，款项当月结清，每月最多可分两次补交营业款。

当然，交保证金只是留住经销商的人，为了留住他们的心，宗庆后还同时推出了价差方案。这一方案对不同级别的经销商给出不同的价格限制，公平公正地划分蛋糕，根据每个成员在体系内的贡献来分配利益，从而以制度化的方式解决价格机制和"窜货"问题。

这天的会议结束后，大部分经销商默默接受了现实，但也有人继续在反对，甚至娃哈哈内部的业务人员都跑来向宗庆后提意见说这办法行不通。他们的理由很简单："难道货款要不回来，我们就不发货了吗？那还要不要市场了？"

宗庆后脾气倔，他认准的道，就要走到底。他只相信一点：娃哈哈宁可被自己"作"死，也不能被经销商"拖"死，如果现在不改变经销商，以后就再也没有机会了。

1994年的前几个月，"联销体"看似不妙。大经销商们虽然被迫接受了规则，但还是心有隔阂，想要看看情况再说。一些小经销商干脆跑路，连货款都没有结算。宗庆后不为所动，他明确表示，任何经销商，只要结清货款，想走就走，想留就留。

宗庆后的判断没有错，随着新品不断推出，加上资金的不断回笼、规则的不断推广，大部分原有的经销商适应了新规则。他们发现，产品质量没有下降，利润在增加，娃哈哈支付的保证金利息一分没少，事情果然变得更好了。大家开始对"联销体"心服口服。

又过了几个月，出走的经销商开始像候鸟一样回来了。有人带上了满袋现金，找到宗庆后，说要重新合作。宗庆后说："你把保证金交上，加入'联销体'，我们一起把市场做好。"

通过"联销体"，娃哈哈有效解决了"钱"和"人"的问题。在"钱"的方面，经销商拖欠货款成为历史，集团还吸纳到数亿元的流动资金，其中大多数能由其在合法范围内自主支配。在"人"的方面，全国上千家优秀经销商从此和娃哈哈紧密携手，共同进退。更重要的是，这套机制简单明晰，具有很强的可复制性。很多大经销商回到自家区域，就模仿这套合作模式，以同样的规则约束自己旗下的二级、三级批发商。娃哈哈的"联销体"犹如滚雪球一样，在全国范围的雪道上不断壮大，全面进入广袤的农村市场，发挥出竞争对手难以匹敌的威力，为日后新品的推出壮大铺平了道路。

宗庆后亲手赋予了娃哈哈产品优质基因，随之又创立了合理、严谨而极具中国特色的营销网络，这个网络里的每个节点、每个单元，都被周围的成员调动着，不断贡献力量、分享利益，不断输血到网络的顶层。从那时起，尽管娃哈哈还会不断遭遇新挑战，但直到今天，"联销体"的强大版图依旧稳定，是确保其基业延续不衰的保证。

## "北青报事件"始末

1996 年 6 月 5 日，娃哈哈驻京办事处主任卢东踏进办公室，准备开始当天的工作。

她刚在办公桌前坐定，喝了两口茶水，然后不经意地朝桌角的早报瞟了一眼，心脏立刻剧烈地跳动起来。

报纸上的一行标题，吓到了见过大世面的卢东："安徽 3 名儿童饮用娃哈哈果奶中毒身亡"。

她突然想到 1992 年的 6 月 5 日，娃哈哈在南京遭遇检验不合格，引发了一系列风波。这惊人的巧合，让她心神不宁。

坐了五分钟，卢东才调匀呼吸，拨通了杭州总部的电话……

其实，宗庆后早就接到了坏消息。

在卢东打来电话之前，他就了解到安徽的事情，根据他和身边人的判断，那只是一起突发的投毒事件，和娃哈哈企业没有任何关系。即便如此，他也要求第一时间下架了产品，将之回收检验，总共检验了 500 多次，检验结果全部合格。在当地，质检部门也得到了同样的检验结果。

在此过程中，宗庆后也听说了些许微妙的事情。有人打电话到集团总部，说如果娃哈哈能给 6 万元，就不再宣传报道这件事，否则就会捅到更高层面。

宗庆后丢下一句话："分文不给。"身边的人心领神会，给了钱，就等于承认自己的产品有毒了。娃哈哈甚至还保留了电话录音，作为自我保护的证据。

或许是心虚了，或许是开始了行动，那人不再打电话了。不久后，打来电话的人成了卢东。听完她的汇报，宗庆后对事情的发展走向感到震惊，他原本以为事情即将水落石出。《北京青年报》的报道，犹如在虚妄的干柴上点燃乱象的火苗，各种版本的谣言迅速发酵，全国各地都有销售商开始打听和观望。在安徽省，有关部门直接下令禁止了娃哈哈果奶在省内销售，简直成了当年南京事件的放大版本。

宗庆后无奈地对身边人摊开手，皱起眉："我们的产品卖到全国各地，如果有毒，怎么会只毒倒了三个孩子呢？这么明显的漏洞，报纸媒体也不考虑，更不考虑对企业的后果，就随便登新闻。"

只是想好好发展企业，为什么就这样难呢？但抱怨归抱怨，宗庆后远非当日可比，无论在何种情况下，他都会保持冷静。在他的指挥下，娃哈哈立即开展行动，一方面向安徽省当地公安部门报案，要求查实孩子身亡的原因；另一方面派人赶往北京，开展申诉。

前往北京的工作组行动迅疾。他们找到《经济日报》的总编辑艾丰，在后者的引荐下见到了媒体主管部门的相关领导，汇报了事情的前因后果，并提交了《关于娃哈哈中毒事件真相的紧急报告》。[1]

在对口支援三峡库区移民的工作中，宗庆后和娃哈哈毫无保留，直接投入了4000万元现金，成为东部发达企业的表率，先后得到了多位党和国家领导人的表扬和认可。现在，他们遭遇飞来横祸，其正当诉求自然也备受重视。很快，媒体主管部门发文，要求暂停刊登对此事的报道，同时还要求北京青年报社立即说明报道内容的真实性。

报社的回复很快交了上来，确实有3名女童在喝下娃哈哈果奶后不幸离世。

---

[1] 宋守山编著. 传媒三十年 [M]. 广州：南方日报出版社，2009：182.

宗庆后反驳说："孩子遭遇不幸属实，但公安机关还没有做出结论，报社凭什么就说是果奶的原因呢？"

不久后，安徽工作组拿到了公安部门的侦查结论。原来，3 名儿童喝下的果奶确实有毒，但毒并不是娃哈哈在生产过程中投入的，而是当地有人对销售者恶意敲诈勒索不成后的投毒行为。换而言之，这根本不是什么食品安全问题，而是刑事犯罪，将事情归咎到"娃哈哈"品牌上，是不折不扣的诽谤。

娃哈哈先是蒙冤，再是承担损失，最后得到了公正。这个"剧情"，宗庆后已不是第一次经历了。这次，他没有太多的愤怒，但他也不想默默吞下这杯苦酒，更不想让整个集团的感情就这样被伤害。

了解宗庆后的人都知道，他的性格可以很简单，也可以很复杂。他心软，看到可怜人会动恻隐之心，自己上台领奖牌都感动得热泪盈眶。但他也心硬，那么多曾经同生共死的经销商，他一句话说收保证金，就必须收到位。他平易近人，别人敬重他，他会越发敬重对方，哪怕对引车卖浆者流也是如此。但若有人敢随便伤害娃哈哈，无论对方是谁，他一定会像卫护孩子的猛兽那样奋起还击。

宗庆后的反击行动，在后来引起了非议声音。如果完全遵循传统道德观念，自然很容易加以指摘：毕竟你是中国企业家，理应崇尚"和气生财"，理应尊重"笔杆子"，你何必如此较真呢？

有句话说得好："未经他人苦，莫劝他人善。"无论谁站在宗庆后的位置，都很难原谅这次报道。南京事件中，对方毕竟手持质检报告作为"依据"；而这次报道，则抢在公安机关给出结论之前，发布了先入为主的结论。这不仅让娃哈哈损失了经济利益，也损失了无法衡量的商誉，绝非轻描淡写的一句道歉就能搪塞过去的。

宗庆后铁了心，要彰显娃哈哈捍卫自身利益的立场。没有结果，他不会就此收手。

今天的年轻人，可能更喜欢看见事情接下来的走向。

6 月下旬，新华社记者就此事写成内参，呈递到国务院领导的案头，反映了事情的全貌：一份缺乏客观公正立场的报道，差点毁掉了一个国有的大企业。

是啊，事关 3 个孩子的生命，事关偌大品牌的前途，甚至事关全社会对食品安全的信心，关系到国际同行对中国饮料行业的评价，《北青报》为什么能在不了解前因后果的情况下，就草草发布新闻呢？

领导的批示下发了，要求对报社进行停刊整顿、改组班子。报社社长被调离，总编辑被记过，副总编辑记大过。

对这些事，宗庆后都是后来才知道的。他并不太关心谁应该承担什么责任，也不是想报复任何具体人员。但他希望在真正的投毒凶手受到法律应有制裁的同时，能让错误引导下的舆论方向扭转回来。现在，他的目的达到了，曾经蒙在鼓里的消费者们，终于明白毒奶并非娃哈哈生产，娃哈哈也是受害者，它完全值得被信赖和支持。

在更长远的时空维度里，宗庆后帮助娃哈哈挺起腰杆。娃哈哈并不是能任人拿捏的"软柿子"，在做好自己的同时，如果遭遇到恶意的影射和诋毁，娃哈哈有实力也有底气让对方付出代价。

这次意外事件，也让宗庆后和一位重量级竞争对手结下了不解之缘，那就是何伯权。

消息在北京刊发出来的第二天，广州报纸也加以转载。在乐百氏总部，有人建议创始人何伯权说，只要将报纸复印传真给各地经销商，娃哈哈就会被一举打垮，以后果奶的市场，就是乐百氏的了。

但何伯权有自己的想法，从企业经营常理出发，这种规模的产品出现质量问题，不可能只影响 3 个孩子，事情迟早会真相大白。再说，如果用这种手段打败娃哈哈，这个行业的游戏规则就会彻底改变，将来谁都能用同样的手段陷害乐百氏。

宗庆后并不清楚何伯权的想法，他直截了当地拨通电话说，希望不要在这件事情上借题发挥。

何伯权和气地说："不会的，你放心吧，宗老师。"

他说话算话，乐百氏从头至尾没有对娃哈哈落井下石，后来被传为中国企业历史上的佳话。

其实，宗庆后和何伯权早在 1995 年就会过面了。那次会面，他们相互认可，都在对方身上看到自己的影子。正是从那时起，何伯权称宗庆后为"老师"。

与报章消息之类注定被大多数人遗忘的意外相比，在娃哈哈和乐百氏之间上演的世纪之争，会因为棋逢对手的精彩程度而被永载商业史册。

第七章

# 世纪之争，棋逢对手方称强

　　尽管在这次风波中，宗庆后进一步确立了纯净水业界大佬的地位，但就整体而言，他没有阻遏钟睒睒的计划，很大程度在于其未能预计到纯净水可能从整体品类上遭遇颠覆，未能提前为企业的品类和品牌构建充足的防御体系。

## 亦敌亦友乐百氏

1995 年 10 月，长沙满城桂香。宗庆后来到这里，参加全国糖酒订货会。忙碌之余，湖南分公司经理前来汇报：何伯权先生也在酒店，想请您一叙。

这邀请虽意外，却让宗庆后颇感兴趣，他脑海中浮现对手的商业故事……

1989 年春节，29 岁的何伯权去香港旅游。

那时，何伯权是广东省中山市小榄镇镇办制药厂的副厂长。大学毕业后，他从普通工人做到这个位置只花了六年时间。他将制药厂变成全镇第一的企业，但梦想远未实现。

在香港，何伯权第一次见到了乳酸奶，当地孩子们几乎人手一瓶。它成本低廉，原料只有奶粉、白糖、香精和山梨酸钾，无须冷藏，便于运输，零售价不到 1 元。

何伯权敏锐地想到，如果将乳酸奶与国内儿童保健品的浪潮相结合，又会成就广袤的新市场。

事情进展顺利。3 月，何伯权在广州找到合伙人，利用股权置换的方式，拿到了"乐百氏"这个小饮料品牌的使用权。随后，他带着 4 个人，在小榄镇租下一间十来平方米的办公室，创办了中山市乐百氏保健制品有限公司。

乐百氏的后续剧情几乎与娃哈哈如出一辙。何伯权与中山医科大学、华南理工大学、广东医学院、广州微生物研究所等 10 余家科研机构联合研发乳酸奶产品。6 月，"乐百氏乳酸奶"问世。

何伯权组织了 30 个宣传组，每组 10 个农民，他们只负责一件事，就是拉起"热烈祝贺乐百氏奶投放市场"的红色横幅，去"攻占"能到达的任何城市。

一个月之后，乐百氏遍布珠三角。当年，乐百氏营业收入突破 300 万元。三年后，乐百氏年营业额突破 8000 万元。

1993 年，何伯权放风说要搞新产品，全国各地 2000 多家代理商纷至沓来，何伯权不仅收获了 1700 万元代理费，还被代理商们拥上"全国乳酸奶第一"的王座，市场占有率保持第一。

此时，宗庆后开始进攻，带领娃哈哈推出了果奶产品。一场被时代浪潮推动的较量展开了，两位年龄差距 15 岁的企业家上演了横亘十年的巅峰之战，双方你来我往，热闹非凡。

乐百氏的广告语是"今天你喝了没有"，娃哈哈果奶则以"妈妈我要喝"作为广告语，都是将诉求灌注到孩子心中。

乐百氏乳酸奶最初只有两种口味，而娃哈哈却做出了六种口味。

不过，成本才是宗庆后凿开缺口的主力工具。

宗庆后曾说，自己是做小买卖的，是"穷出身"。当他想要挑战细分市场的第一名时，靠的就是这种敏感。宗庆后决定采用国产奶粉生产果奶，相对于使用新西兰进口奶粉的乐百氏，娃哈哈腾挪出宝贵的成本空间。

有了空间，宗庆后就有了底气。

当时，乐百氏给经销商的返利最多只有 1%，娃哈哈给出的是 2.5%，最高达到 3%。经销商们虽然热捧乐百氏，但也愿意引进娃哈哈。

很快，宗庆后就利用已有的营销体系和市场基础，将果奶产品迅速下沉到小城市的零售终端。

在定价策略上，老辣的宗庆后也巧妙地发挥出成本空间的最大价值。

何伯权将 6 瓶乳酸奶塑封为一排，每瓶 1 元。宗庆后就将 5 瓶果奶塑封起来，每瓶恰好卖 0.9 元。

何伯权的算法精明异常，他每卖出一排产品，就比娃哈哈能多销售 20% 的量，而且节省了热塑膜包装。然而，宗庆后的算法更接近消费者实际心理。在无数个乡镇街头，当收入微薄的父母们被哭闹的孩子硬拽去买饮料时，他们看重的是价格，而不是数量。当乐百氏和娃哈哈映入眼帘时，购买者感受到的差距不是 1 和 0.9，而是 6 和 4.5。

整整 1.5 元的价格差距，足以帮助宗庆后在乐百氏的王座旁抢到一块肥美异常的市场。从 1993 年到 1995 年，娃哈哈果奶的市场份额迅速上升到全国第二……

想到这里，宗庆后收束了回忆，投入工作中。第二天，他带着丁培玲、湖南分公司的经理一行三人，会见了何伯权。

何伯权儒雅安静，说话谦逊得体。他说，自己非常钦佩宗老师，对宗老师的产业报国情怀、市场营销理念、企业管理风格都认真学习。宗庆后也坦率承认，何伯权能这么快就做出一家大企业，让自己非常敬佩。

客气话结束，两人话锋一转，谈到了市场。对即将到来的激烈竞争，双方虽然没有聊到具体细节，但还是沟通了彼此看法。

宗庆后表示，只要公平竞争，各有绝招，都可以使出来。而何伯权则给出回应，企业有公平竞争，才有共同发展。

会议没有任何剑拔弩张的气息，只有融洽平和的气氛。娃哈哈和乐百氏两群人就像在召开一场商业研讨会，相互敞开心扉，大家聊对市场的看法、做产品的感触，也聊营销的不易、创业的艰辛。

会议结束时，何伯权邀请宗庆后去自己那里看看，宗庆后欣然答应。订货会之后，宗庆后果然飞往广州，又坐车来到乐百氏企业考察。这里的生产状况紧张有序，让宗庆后倍感欣赏。旅程结束后，他对身边人说，要尽快组织中层干部去乐百氏考察学习。

两年后，何伯权也抽出时间回访。在娃哈哈下沙生产基地，很多员工亲眼看到了这位操着广东方言且颇为潇洒的对手老板，多少理解了领导们口中"乐百氏"的力量来源。那天，宗庆后宴请了何伯权，他不喝酒，何伯权也劝他要少抽点烟。

世纪之交，商业生态系统的变化，就这样在神州大地悄然而缓慢地萌发着。行业巨头之间的关系正从单纯对抗走向竞争协作，企业家的战略眼光、竞争意识、博弈智慧和管理手段都因此面临着新的考验。宗、何两人的这次会面，并没有在企业历史上留下有传奇色彩的故事，但折射出他们的竞争理念正在发生转变。

到 1996 年，与这次会见的平淡气氛截然不同，两家企业的下半场战事突然被引爆了。

宗庆后意识到乳酸奶市场的开发已达上限，他果断再次转战新兴产品——瓶装纯净水，随后一举攻下同品类的大半个国内市场。

这次，轮到何伯权在赛道后位紧追不舍。从 1995 年到 1998 年，他一鼓作气，投资 2 亿元扩展企业规模，除中山总部外建立了七大区域生产基地，基本覆盖了全国各区域。即便如此，在总体规模上，乐百氏依然落后于娃哈哈。

让何伯权有些意外的是，宗庆后虽然年过五旬，却有使不完的精力，有不断延伸的战略筹划。就在 1996 年，宗庆后开始布局两件事，一件是推出纯净水，另一件是携手外资。这位"老师"不仅跑在竞争者的前面，还要抢先推动命运安排的下一重门。

## 把娃哈哈唱进人心

宗庆后从计划经济时代中走来，他对那种模式下的弊端有切肤之痛，对市场经济的活力优势则有真切的体验。他深知，市场经济中任何一款产品都有必然的生命曲线走向，如果不尊重规律，只依靠某种或某个品类的产品，企业的竞争力就会随着产品生命曲线的下坠而逐渐减弱。

1995 年，宗庆后察觉到保健品市场乱象丛生的异样，决定摆脱对营养液产品的依赖。这一年，保健品领军品牌三株口服液靠着铺天盖地的宣传，创下 80 亿元的年销售额，成就了巨大的商业奇迹。但就在第二年，三株口服液陷入"服用致死"官司，大量媒体的负面报道导致三株口服液销量从每月数亿骤降到几百万，让这个辉煌的保健品帝国迅速崩塌。社会舆论的关注、《食品卫生法》和《保健食品管理办法》的相继颁布，都推动保健食品产业结构陷入大洗牌。

此时，功成身退的宗庆后早已离开，奔赴新的战场。他正式进军饮用水领域，新产品不再依赖对保健功能的宣传，不再将"防病强身"之类的效果挂在嘴上。

不少企业家回顾创业初期经历，会将之描述为一场意义非凡的冒险。但宗庆后并未如此。2008 年 4 月，宗庆后接受《新财经》记者王博采访时回忆说："20 世纪 90 年代，保健品的销售形势比较好，但市场比较乱……我觉得做下去可能会碰到问题。还有一个关键的因素是，当时的消费水平与现在不一样，保健品市场不是很大，毕竟是有钱人才会买。所以，娃哈哈最后选择了消费量比较大的大众饮料。"[1]

宗庆后所说的大众饮料，就是"纯净水"。

1995 年时，国内饮用水污染问题日益受到重视，矿泉水市场已初具规模，一些区域性的矿泉水、蒸馏水等的品牌激活了消费空间，娃哈哈在涪陵的生产基地也开始小规模生产矿泉水，而且效益不错。宗庆后自己在美国考察时，也发现了一种"纯净水"产品，主要利用了反渗透技术，是专门为航天员提供的。这种产品比国内生产的蒸馏水成本低、口感好，"纯净"这两个字更富想象力，且不受水源的限制，这一切都让他下定了引进技术和设备开发新市场的决心。

宗庆后将新产品定位为水饮品并非突发奇想，而是带领企业以正确的姿态，向现实的生存困境采取妥协，再行进攻。他相信，自己能带领娃哈哈另辟赛道，取得新成就。但在当时的观察者眼里，这依然是一次巨大的冒险，意味着娃哈哈不再"专注于"儿童饮料，开始向成人饮料发展。有些人抱着疑问："这是否会让'娃哈哈'的品牌个性变得不再清晰？是否会丢掉品牌原有的优势？"

宗庆后当然知道这些问题，但他从不在观念的层面纠结失败可能性的大小。他说："如果领先太多，则一时间无法为市场所接受，容易夭折；如果不领先，则无法掌握先机，贻误战机。""娃哈哈"的品牌个性确实形成了，但如果不变，就会失去领先而走进死路。

宗庆后认清现实，只管奔赴。他反过来劝说下属，将"娃哈哈"品牌向成年消费者延伸，纯净水是最好的产品，如果这一步走稳，就能奠定后面做其他产品的基础。后来，非常可乐的乘势崛起也确实验证了宗庆后的想法。

---

[1] 王立仁编著. 宗庆后如是说：中国营销大师教父级企业家的营销思想与商道真经 [M]. 北京：中国经济出版社，2010：68.

娃哈哈投下 10 亿元巨资，从美国、德国、法国、日本、意大利等国引进了 7 条自动化生产线设备，开始生产"娃哈哈纯净水"。1996年 4 月，借助"联销体"的能量，这款产品被推向市场。

在竞争激烈的水饮品市场，再好的产品、再强的销售网络，也需要独辟蹊径的营销手段。宗庆后陷入了深思熟虑。水饮品是无色无味的，也没有特殊的营养保健功效，不同产品之间的差异性不明显，想要影响消费者的心智，只能依靠特殊的品牌形象。

这一次，宗庆后想到了明星代言的战术。在全国水饮料行业，他是第一个敢于请明星代言的企业家。尽管他已年过半百，但选择明星的标准非常贴近年轻群体，包括形象好、活力强，要有青春时尚气息，等等。按照标准，娃哈哈纯净水找到了国内知名歌手景岗山代言，他的主打歌《我的眼里只有你》，无论是旋律还是歌词，尤其贴合宗庆后想要向新消费群体传达的新品牌内涵。

在此之前，其他瓶装水饮品抓住的市场诉求点是"健康、卫生、纯净"，但宗庆后不想拾人牙慧，他要用"我的眼里只有你"这样的歌词，表达含情脉脉、深情款款的消费情绪，让年轻男女们想到有情饮水饱，想到在平淡生活里用水来相互传递温暖关爱，一瓶原本的普通瓶装纯净水，就这样被宗庆后赋予了匠心，也赋予了附加值。

随后的五个月里，在娃哈哈的安排下，景岗山开始了全国巡回的歌迷见面会，他和团队连续走进 22 个省级城市，在一次次见面会上进行纯净水产品和磁带的连环签售活动。每到一处，活动都掀起热潮，很多原本只能在荧屏和报纸上才能见到他的歌迷，这次终于亲睹真容，聆听歌声，现场涌动的人头，也帮助娃哈哈收获了大量人气。为了利用这些人气，景岗山每到一处，娃哈哈就会在当地各大超市卖场开展免费赠饮活动，再配合报纸、电视等媒体的广告和宣传，几轮活动做下来，市场就到处都能看见娃哈哈纯净水的身影了。

有时候，宗庆后还会在特定城市搞出营销大手笔。为了打开郑州市场，他和铁道部、郑州铁路局沟通之后，从杭州发出一列"娃哈哈专列"，足足 50 多节车厢里，摆满了娃哈哈的产品，总共有 3000 吨。当这列火车喷着雾气，缓缓驶入郑州火车站时，蜂拥而来的城市媒体，拥挤在站外的接车入群，忙得浑身是汗的搬运工人，无一不在烘托红色包装的娃哈哈纯净水，它就像最时尚最美丽的新娘，带着巨大的视觉冲击力和心理对比，"嫁"入了这座古老的城市。

半年时间，在产品、明星、营销和"联销体"的共同作用下，娃哈哈纯净水已出现在中国各个角落。1996 年结束时，它拿下全国水饮料全国市场占有率第一的成绩。1997 年，娃哈哈在全国 22 个省、自治区、直辖市建立子公司、分公司，正式登顶，成为中国规模最大的饮料企业。

其实，整个 1996 年，宗庆后都没有在娃哈哈纯净水上赚到钱。全年广告投入约 5000 万元，几乎是纯净水当年的全部利润，但他拿到了细分品类销量第一的成绩，让员工、经销商和消费者都有了信心。

宗庆后出手迅猛，超过所有人的设想，也让何伯权感到意外。虽然后者年轻有为，思维缜密，能确保自己的每步棋都走好，但相比老谋深算的宗庆后，何伯权经常在战略节奏上慢了半拍。1994 年，娃哈哈大举西进，打造生产链，降低运费成本，但何伯权没有任何动静，直到 1995 后，他才反应过来，开始围绕中山总部打造区域生产基地，但总体规模还是落后于娃哈哈。

这一次，娃哈哈又走到了乐百氏前面。直到 1997 年 7 月，何伯权才宣布推出纯净水，开始奋力追赶。他另辟蹊径，花费 200 多万元打造广告片，形象体现乐百氏纯净水"22 层净化"的概念，在当年也取得 2 亿元的销售额。

从此时到 2000 年之前，中国饮用水市场始终呈现两分天下的局面，娃哈哈和乐百氏瓶装水分享了超市、商场、小卖部的水饮料货柜，它们几乎总是同时出现在消费者眼里。

这段时间里，双方的明星代言竞争也很激烈。1998 年，何伯权也想走明星路线，他签约香港明星黎明做形象代言人，继续在全国各地挑战娃哈哈。而娃哈哈纯净水改用歌手毛宁代言，广告词也变成"心中只有你"。1999 年，形象更富国际感的王力宏成为娃哈哈的新代言人，广告词升级到"爱你就等于爱自己"……

虽然代言人在改变，但宗庆后想要传达的产品核心内涵没有改变，随着时间的点滴推进，那一代的年轻人伴随着随处可闻的广告歌声，在脑海里画下娃哈哈特有的品牌形象，也在心中升华了对娃哈哈的消费情感。

娃哈哈和乐百氏的竞争，从果奶的遭遇战，打到纯净水的对抗战，前后延续了十年。到 1996 年，双方阵营里均出现了新的力量。

## 与达能谈判交锋

1995 年，宗庆后的"美食城"上市之路阻力倍增。当他感到怀疑动摇时，另一个备选项出现在他紧密的工作日程表里，那就是携手法国达能。

这年底，宗庆后偶然间认识了梁伯韬。身为香港百富勤投资集团的董事总经理，梁伯韬长期关注国内企业，寻找优质投资项目。通过和宗庆后的几次接触后，梁伯韬很看好娃哈哈的前景，又了解到宗庆后有上市需要，就将宗庆后介绍给了法国达能。

宗庆后经历过多次出国调研和洽谈，对国内外食品生产技术和设备的差距了如指掌。他曾亲眼看见国外先进的设备能一分钟封罐 1000 个以上，而国内最好的机器一分钟只能封 130 个。在美国，大企业日产千吨罐头只需要 40 名操作工人；在中国，日产百吨罐头的企业，都需要 600 人以上。

冰冷无情的数字，向宗庆后指出唯一的可能，那就是必须引进外国先进技术、借鉴外国优秀管理经验，才能保住国内行业领先地位，为将来走向全球打基础。

宗庆后熟悉外国同行，但不会盲目迷信。他要来了达能的背景资料，仔细研判分析，觉得其实力不俗、理念契合。论实力，达能是全球第五大食品集团、第一大乳业公司，年销售额超过 1000 亿元人民币。论理念，达能在中国市场已经有所投资，从未对其收购的本土品牌有打压之举。

不过，"从未有过"并不代表"永远不会"，宗庆后依然对与达能合资有所忌惮。他知道，达能的发家历史离不开并购和抛售，他们经常在全世界范围内不断收购当地优秀品牌，再抛售其中收益不好的业务，将剩下的优质资源整合到自身旗下。当然，这套模式并不新鲜，体现着资本运作的本性，达能有数百年的历史传统，不可能因为他是宗庆后就改变。娃哈哈一旦与达能携手，就只能做得更好，否则必然会被资本无情吞没。

带着矛盾而复杂的心情，宗庆后决定开始和达能、百富勤的合资谈判。

1996 年元旦刚过，宗庆后带着杜建英赶赴香港，代表达能的秦鹏、代表百富勤的梁伯韬已在此恭候。随即开始的谈判并没有多少宾主言欢的愉快感，反而衍化出激烈的交锋场面。

谈判一开始，秦鹏就试图画出红线。他表示，达能方面应该持大股。

秦鹏是华裔法国人，他同时具有中法两国的商业理念和文化背景。和这样的对手过招，国内再优秀的企业家也有吃力之感。

宗庆后却毫不退让，他表示娃哈哈就像自己一手养大的娃，不可能将董事长的"家长"位置拱手相让。

反复推拉后，秦鹏提出了略显退让的方案，由达能和香港百富勤先合资，成立新加坡金加投资有限责任公司，持股 51%。由娃哈哈集团持股 39%、娃哈哈美食城公司持股 10%，董事长由宗庆后担任。

宗庆后认为，达能和百富勤毕竟是两家公司，他们双方总会有立场不一的时候。而娃哈哈集团、美食城股份都持于自己手中，且自己担任董事长，完全够掌控局面。

智者千虑，必有一失，宗庆后毕竟缺乏和国际资本打交道的经验，没有完整准确地预判达能的下一步行动。就在双方认可了股权划分，让谈判气氛有所缓和时，秦鹏又突然提出，既然达能已经事实控股娃哈哈，企业应该将财务控制权、人事任免权交出来。

宗庆后简直怀疑自己的耳朵。秦鹏解释说，我们达能以 70% 股权控制了金加，金加以 51% 股权控制了娃哈哈，所以我们就是娃哈哈的实际控制人了。

宗庆后不想继续听他的解释，丢下一句话："不谈了。"他摔门而出，杜建英小跑跟在他后面。两个人直接去了启德机场，飞回杭州。秦鹏和梁伯韬被晾在会议室，半天都没回过神。

宗庆后心里有底，达能非常看好娃哈哈的市场价值和未来前景，绝不愿意错过合资机会。不出他所料，过了几天，香港的电话又来了，请他再去一次香港继续谈，什么都好说。

2月2日，宗庆后再次坐到了秦鹏的对面。这次，秦鹏带来三个条件：第一，必须明确宗庆后是被达能聘用的；第二，合资公司如果连续三年利润不达标，就要更换董事长；第三，达能代表要进入合资公司的管理层。

宗庆后说，前两个是和我个人有关，没问题；第三个关系到我的原则和底线，绝对不行。你们可以换掉我，但是不能介入管理层来换掉娃哈哈的人，这种"掺沙子"，我无法接受。

宗庆后提出了自己的"四项基本原则"：第一，"娃哈哈"品牌不变；第二，合资企业的经营管理全权委托娃哈哈；第三，合资后企业员工一个都不能辞退；第四，合资后原退休员工待遇不变，现有员工收入只能增加不能减少。

秦鹏不敢擅自做主，把这些要求全面反馈给达能高层。达能高层面面相觑，搞不清宗庆后到底是以董事长还是工会主席的身份在谈判。但他们算是见识到了生长在红旗下的创业者，这些人在面对资本时，有着全世界少见的立场。在一番讨价还价的尝试后，达能接受了宗庆后的要求。

后来人们才看清，达能在中国投资的多家企业都先后亏损而大规模裁员，宗庆后的"四项基本原则"，是提前保护了娃哈哈全体员工的利益。为此，他也付出了应有的代价，同意了达能追加的两点要求。一是娃哈哈不能经营和生产与合资公司竞争的产品，二是要将商标使用权转让给合资公司。

解决了原则问题，合资的具体谈判就变得相对简单起来。娃哈哈下属有 10 家子公司，达能方面决定收购 4 家优质公司的股份，再与娃哈哈另外成立一家全新的合资子公司，即后来的娃哈哈保健食品有限公司。这 5 家公司的注册地址都在杭州。

双方签合同前，宗庆后还提供了"娃哈哈"品牌价值的资产评估报告，认为"娃哈哈"品牌价值达 21.79 亿元，达能对此没有认同。对宗庆后的另一个条件，达能让步了，他们同意每家合资子公司的董事会共设五个席位，金加有三个席位，娃哈哈有两个，但如果表决中出现三比二的局面，三人中必须有一人来自娃哈哈，否则决议无效。

这是宗庆后为保护娃哈哈而精心准备的又一道安全阀门。

经过前后一百多天的拉锯战，谈判终于尘埃落定。1996 年 2 月 9 日，宗庆后在香港和达能签署了合资合同。3 月 28 日，在浙江省人民大会堂举行了合资仪式。《浙江日报》上刊出整版庆祝广告，标题为"携手共创新时代"。

通过合资，娃哈哈不仅获得了 4300 多万美元，还享受到合资企业的专用税收优惠政策，引进了大批国际先进的全自动生产流水线。合资前三年，宗庆后借着这股"西风"，带领娃哈哈每年将销售额推高 1 亿元，利润增长 1000 万元，国内的所有竞争对手都被他远远抛到了后面。

娃哈哈和外资携手，对何伯权有所触动。1997 年之后，乐百氏增长速度突然放缓，他着手寻求新方法，但始终无果。直到 2000 年 3 月，乐百氏和达能合资，但只得到了 3% 的股份，92% 的股权归属达能。一年后，由于盈利未能达到合同要求，何伯权与他的团队集体辞职，离开了辛苦经营了十几年的企业，从此转向投资，不再踏入饮料行业。

兔死狐悲，无人了解宗庆后在知道这一切后的真实心情。但何伯权既是老对手和老朋友，也是同一资本力量下的新"兄弟"，他的黯然出局，势必为娃哈哈和达能的合作前景蒙上了不祥的阴影。

尽管如此，在合资的前三年，娃哈哈和达能还是度过了一段蜜月期。这段美好的时光，是宗庆后从谈判桌上赢得的，也是全体娃哈哈人应得的。

# 非常可乐，非常营销

最初，宗庆后与达能的合作充满双赢的曙光。达能通过进入中国最大的饮料企业而展露野心，宗庆后则得到了扩张资本，为下一步作战储备了强劲能量。

宗庆后想要挑战的新对手就是"可乐"。

1886 年，可口可乐诞生于美国佐治亚州亚特兰大市。随着美国社会经济发展、国际影响力的扩大，可口可乐积淀了丰富的品牌内涵，传承跨越百年的经典传奇，成为闻名遐迩的世界品牌，长期占领全球饮料销售量排行榜首位。

1927 年，可口可乐正式进驻中国，先后在上海、北京、天津、青岛等多地开设分厂，赢得年轻消费者的心。改革开放后，随着国门打开，可口可乐重新回归，引起了中国饮料行业的警惕和重视。80 年代中期，全国先后出现了天府、崂山、幸福、少林、昌平、汾煌等可乐型碳酸饮料，杭州利民制药厂也推出过"中国可乐"。国人惊喜地发现可乐并非外人独享，中国人也能有自己的可乐品牌。

但好景不长，到 90 年代初期，在短短一年内，可口可乐和百事可乐通过收购、兼并和挤压战略，击溃了七家推出过国有可乐品牌的饮料企业，号称"水淹七军"。至此，可口可乐和百事可乐全面占领中国碳酸饮料市场。

直到宗庆后站了出来。他既想撼动"两乐"的地位，也是为了娃哈哈的未来。

合资之后的娃哈哈，越发成为国内外竞争对手的眼中钉，宗庆后需要树立新的主打产品，攻击并占领少有人涉足的地盘，才能将市场格局再次洗牌，把最好的牌抓到手中。毫无疑问，碳酸饮料就是这样的"风水宝地"，至于将目标定位到可乐，则源自一次闲聊。

有一次，宗庆后去外地考察市场，有个经销商抱怨说，"两乐"品牌太牛，定价策略很少有商量余地。如果中国也有自己的可乐品牌就好了。

宗庆后将这段话听了进去，他觉得娃哈哈有独特的渠道优势，一旦推出可乐饮料，即便不能像曾经的营养液、果奶那样成为领军者，也可以找到属于自己的天空。

回到杭州，宗庆后先是组织技术力量，解析可乐的组成成分，发现并没有传说中那样神秘莫测。于是，娃哈哈的可乐战略全面上马。宗庆后认定可乐能成为娃哈哈重量级的攻击拳头，他全程参加各类会议，从配方设计、生产流程到市场宣传的细节，全都要亲自过问。

调制配方时，宗庆后让人买来一箱箱可口可乐、百事可乐，他自己带头品尝，再和试制样品进行对比，有时候喝得肚子发胀。在技术部门进行了上千次改进后，配方终于得以确定。宗庆后还不放心，他专门飞到美国，组织"盲测[1]"，直到没有美国人能分辨出差异，他才点头同意。

配方确定后，宗庆后想将这款新品命名为"娃哈哈可乐"，但遭到下属们的一致反对。大家认为，"娃哈哈"在碳酸饮料方面没有加分项，无法和"可口可乐""百事可乐"相对抗。他又想取名叫"强大可乐"，寓意强大的中国，但也遭到了反对。最终，他从备选名单里选中了"非

---

[1]指通过技术处理有关产品的品牌标志，让用户在不知具体品牌的情况下，通过实际使用几个同类产品，来比较各个产品的性能。

常可乐"。

相比于"天天可乐、劲美可乐、可喜可乐、万事可乐"之类的名字，宗庆后对"非常"两字情有独钟。"道可道，非常道"，他的一生都在塑造非常的自己，努力做成非常的事情。

娃哈哈要推出可乐的消息传出，不少人感到担忧怀疑，有人写文章告诫说"失败前例，殷鉴不远"，也有人直截了当地说"非常可笑"。在他们看来，宗庆后想要自创可乐品牌，几乎纯属冲动而不顾现实。

宗庆后不乏爱国热情，但作为偌大企业的掌门人，他不可能做纯属冲动的事情，更不会拿娃哈哈未来赌博。在外界看来，中国的碳酸饮料市场已经被"两乐"瓜分殆尽，但宗庆后却敏锐地发现，当时的"两乐"在广大农村消费市场的影响力乏善可陈，而那里几乎有全国七成以上的消费人口。因此，早在几年前娃哈哈推出纯净水时，他就在为将碳酸饮料打入下沉市场进行准备，投入了 10 多亿元人民币，从欧洲、日本等引进了具有国际先进水准的流水线。他的计划很简单，要用非常可乐去重走中国红色革命之路，先占领农村，然后是二、三线城市，最后扬眉吐气进军大城市。

1998 年 6 月 10 日，法国世界杯开幕比赛鸣哨。在中央电视台，历届体育大赛实况转播前的广告都会吸引亿万双眼睛，广告费用也动辄开出天价。这一次更不例外，当天晚上的比赛之前，在几个国际品牌广告之后，"中国人自己的可乐"闯进了人们的眼球，"非常可乐，非常选择"的口号掷地有声，一夜之间响彻中国市场。整届比赛期间，非常可乐的广告都活跃在电视画面上，铿锵有力的锣鼓点，红与黑色彩的强烈对比，贴近民俗的剪纸艺术，无不在冲击着消费者对可乐饮料的固有认知。

趁着世界杯的热度，娃哈哈强大的"联销体"将产品铺到了大街小巷，铺到了县城的超市、村头的小店。在营销方面，宗庆后做好了随时发起和应对价格战的准备，500 毫升装的非常可乐，在终端价格上比"两乐"至少要便宜 0.5 元，对那时的农村消费者来说，这并不是小数目，是选择非常可乐的重要理由。此外，非常可乐用大红色箱子做外包装，用喜庆文化作为广告内容，充分满足了农村走亲访友送礼的节日需求。

就像父母想要为孩子多准备一条发展道路那样，宗庆后在打造"非常可乐"初期，就赋予其攻守兼备的多重功能。如果进攻得力，就走"农村包围城市"的路线，正面和"两乐"对抗。如果竞争不得力，就用其分散对手注意力，再用其他产品挤占整个碳酸饮料的市场，达到让娃哈哈整体市场份额扩大的目标。为了解释这个想法，他曾在公司会议上如是说："就当我们为中国老百姓做件好事，大家喝点便宜可乐好了。"

随后几年，让娃哈哈一度看到成功希望。非常可乐在农村市场凭借价格和口感优势，赢得广泛认同，在大城市则选择了回避战术，不和"两乐"品牌直接对抗。2006 年末，非常可乐走向巅峰，在国内市场占有率一度达到 17%，年营收超 20 亿元，是除"两乐"外在中国市场最畅销的可乐产品，甚至出口到了美国。

然而，随着"两乐"也开始主打中国化的营销内容，也开始低价下沉农村市场，非常可乐的表现逐渐低沉，在很多地方消失了。不过，时至今日，它也并未退出历史舞台，依然属于娃哈哈的常态化产品。在中西部的某些地区，它仍然畅销不衰。2021 年，娃哈哈还通过投票方式，推出国潮风的无糖非常可乐，一度引起媒体关注。

"昔人已乘黄鹤去"，但非常可乐仍在。或许，未来的某个时间，它还会带来新的惊喜。

## 半路杀出的钟睒睒

2000 年初，乐百氏追赶娃哈哈的脚步不断放慢，无论是果奶还是纯净水，何伯权的攻招都触不到宗庆后的要害。相反，宗庆后高举爱国旗帜，将"非常可乐"的民族情怀深入人心。谁也没料到，胜负局势逐渐明了的两人中间，突然杀出了钟睒睒。

钟睒睒也是杭州人。他祖籍浙江诸暨，生于 1954 年 12 月，早年也是苦出身，做过泥水匠、木匠。1977 年高考恢复后，他入读电大，毕业后辗转进了浙江日报任记者。1988 年离职后，他奔赴海南做布匹生意，拿到创业人生的第一桶金。

1991 年，钟睒睒在清泰街 160 号拜会宗庆后，参观了罐头厂留下的闲置设备，他想到了东南亚流行的八宝粥罐头，建议宗庆后开发相关产品。于是就有了为人熟知的娃哈哈营养八宝粥，钟睒睒也成为娃哈哈儿童营养液在广西、海南的总代理。不过，他和娃哈哈这段简短合作并未留下闪光的回忆，钟睒睒跑遍两地市场也难以销售出去，直到几家商贸公司来进货才算出清。

直到宗庆后去世，钟睒睒才在《我与宗老二三事》里披露了这些久远故事。但在 2000 年 4 月 24 日的新闻发布会现场，很少有人知道他与宗庆后的渊源。那是一次主题简单的发布会，海南养生堂药业总裁钟睒睒宣称，经科学实验证明，长期饮用纯净水对人体健康无益。其下属的农夫山泉公司将不再生产纯净水，专门生产天然水。

一个月后，养生堂宣布出资百万元，与中国青少年科技辅导员协会联合举行"全国青少年争当小小科学家"活动，活动内容是观察天然水、纯净水对金鱼、大蒜、茶叶生命活动的不同影响，让孩子们了解究竟什么样的水对生命更有益。

原本习惯喝纯净水的人们，突然听到这个爆炸性结论，消费理念发生了动摇。他们中的绝大多数人没有意识到，这很可能是定位理论在中国市场的又一次成功实验。

定位理论信奉"品类即品牌"，主张通过打造差异的品类，再运用大量广告宣传，让新品牌占领消费者的心智。在中国的饮料市场，这套理论不乏曾经的成功案例。例如，香飘飘是第一个将"冲泡式奶茶"品类带进主流营销渠道的品牌，创业仅三年销售额就突破了十几亿元，并成为"奶茶上市第一股"。再如，王老吉也将凉茶品类定位为预防上火的饮料，加多宝在输掉商标权官司后丢掉了王老吉品牌，只因坚守品类定位，居然一度还能在凉茶品类占据头部位置。当然，香飘飘奶茶从2023年开启转型，而加多宝则在短暂辉煌后负债累累、销声匿迹，又成了另一个版本的定位故事。

钟睒睒对纯净水怎么看并不重要，重要的是，他从1997年开始就推出了以浙江千岛湖为水源的农夫山泉饮用水，直到1999年，农夫山泉也同时生产纯净水。但他发现，"卖水"这个市场，始终由老品牌们把持，娃哈哈、乐百氏到处都是，纯净水广告在各大电视台循环播放，以当时的市场格局而言，农夫山泉很难在这片杀声四起的战场觅得创业之地。

与其在桌子边上徘徊，不如用更为简单的办法，那就是掀掉桌子重新开席。钟睒睒想要以一场新闻发布会先声夺人，让消费者对纯净水产生动摇和怀疑，再用天然水品类取而代之。在他的设想中，农夫山泉将能由此一举取代娃哈哈、乐百氏。

钟睒睒的整个计划构想很好，但宗庆后对此当然不会同意。更何况，在宗庆后表态之前，行业内就已经响起了一片反对声。

新闻发布会之后数天，蓝光、怡宝、天河等 10 个品牌的纯净水企业在成都发布联合声明。5 月底，景田、达能益力、永隆、鼎湖山泉等饮用水企业又在广州集会。这些企业的声音嘈杂纷乱，各有各的说法，但都想盖过钟睒睒的结论。

6 月初，宗庆后发力。他向各地纯净水协会和厂家发送了邀请，要求他们前来杭州，共同召开维护纯净水行业健康发展的研讨会。

很快，来自 19 个省市的 69 家纯净水企业老板手持邀请函，聚集到杭州，指责农夫山泉的不正当竞争。他们在位于杭州西郊的浙江宾馆内举行会议，会议通过并发布的联合声明有长长的标题——《关于呼吁国家有关部门迅速制止养生堂不正当竞争、损害消费者、危害饮用水行业健康发展行为的联合声明》。

钟睒睒并未停下对抗。养生堂在杭州《都市快报》头版下方刊登广告，欢迎各地来杭记者访问千岛湖两大水厂，那里正是"农夫山泉天然水"的发源地。当晚，他们还在杭州西子国宾馆召开记者恳谈会，那里和浙江宾馆距离颇近。一时间，西子湖畔商战正酣。

当准备就绪后，纯净水阵营向国家工商总局、卫生部提交对农夫山泉的申诉。而农夫山泉则向北京市高级法院提起诉讼，要求娃哈哈赔偿 3000 万元。

战场即将转移到公堂上，一个意外事件打乱了双方的诉讼进程。6 月 9 日，在南京，这个差点让娃哈哈果奶初出茅庐身先死的城市，消费者杨洪琪走进建宁路 251 号和生保健品商店，购买了一瓶农夫山泉饮用水。不久后，他写信给《现代快报》，表示自己从农夫山泉里喝出了 12 条蛆虫，消息顿时传遍了江浙媒体。

6 月 21 日，农夫山泉在金陵饭店召开新闻发布会予以澄清。养生堂公司副总利用视频和图片展示了全封闭的自动化生产线，表示连细菌都不可能通过过滤层，更不用说什么蛆虫。颇为有趣的是，他随后引用了数年前轰动全国的"娃哈哈中毒事件"，向在场的数十名记者普及新闻应如何尊重事实。

直到 9 月 22 日，南京市建邺区法院作出判决，以原告提供证据不足驳回其全部诉讼请求。[1]农夫山泉的商誉得还清白。

经过这次风波，纯净水联盟和养生堂之间的争议逐渐平息。此后，养生堂也撤回了对娃哈哈的诉讼。

争议虽息，但农夫山泉的热度没有平息。2000 年 8 月，该品牌成为 2000—2004 年"中国奥委会合作伙伴"，为中国奥运代表团提供充足且唯一的指定饮用水。钟睒睒很清楚，随着 9 月中旬悉尼奥运会的开幕，纯净水、天然水都不会再是热点，奥运会才是大家真正关心的事情。而农夫山泉将会借助奥运代表团这个"巨人"，吸引到新的热点。与此同时，"纯净水"只能无奈地在台下徘徊。

尽管在这次风波中，宗庆后进一步确立了纯净水业界大佬的地位，但就整体而言，他没有阻遏钟睒睒的计划，很大程度在于其未能预计到纯净水可能从整体品类上遭遇颠覆，未能提前为企业的品类和品牌构建充足的防御体系，这也是他创业以来的第一次败笔。

纯净水联盟的其他成员就更不用说了。这个联盟本身就是松散的，从始至终，数十家企业除了联合声明、发布新闻之外，并没有什么共同进退的具体措施，连农夫山泉提出起诉娃哈哈时，反诉农夫山泉的也只有四川蓝光而已。事实上，如果不是宗庆后的邀请函，这些企业可能连坐到一起商量对策的机会都没有。

相比之下，钟睒睒却赌对了，农夫山泉凭借一己之力，在强手林立的纯净水战场竖起新的大旗。随着"我们不生产水，我们只是大自然的搬运工"等经典广告语深入人心，再加上降价措施、铺货手段，农夫山泉终于在 2012 年登顶，成为市场占有率第一的包装饮用水品牌。

直到 2023 年，中国包装饮用水市场规模达到 2150 亿元，其中农夫

---

[1]郭羽著. 第 4 项修炼：企业最有效运用新闻传媒的 MBA 教科书 [M]. 成都：成都时代出版社，2003：336.

山泉全年零售额达到 507 亿元，市场占有率 23.6%，稳居全国第一。排名其后的依次是华润饮料的"怡宝"；景田饮料的"百岁山"；娃哈哈排名第四，零售额 120 亿元，市场份额 5.6%。在其身后紧追不舍的则是康师傅，以及跨界而来的伊利、元气森林，还有建立自营品牌的东方甄选、胖东来、山姆会员店……

遗憾的是，宗庆后在 2024 年初离开。两个月之后，钟睒睒宣布农夫山泉重新推出纯净水。

在神州大地上，包装饮用水市场的激烈竞争从不会因为谁的改变而停歇，只会不断有新的王者崛起，再被下一个王者替代。唯一不变的或许是宗庆后话中的哲理，他曾如是说："企业的竞争现在比的是综合实力，综合战略优势。在一个神话衰落的时代做企业，需要非常道和平常心。"[1]

---

[1] 吴玲著. 宗庆后：有一种人生叫"大器晚成"[M]. 北京：台海出版社，2016：130.

第八章

# "达娃之争"，一波三折终定局

2007 年的盛夏，双方的博弈呈现出势均力敌而扑朔迷离的局面。达能占据国外诉讼的主动，娃哈哈以国内诉讼反制。这场纷争从酝酿至此，已过去了两年半的时间，但无论是身为主角的宗庆后，还是娃哈哈数万员工，都看不到解决的希望。

# 一纸 "婚约" 褪色时

1996 年，弗兰克·里布[1]入主法国达能集团出任主席兼首席执行官，顺利地将集团的总营业额拉动到 839 亿法郎；也正是这一年，达能与娃哈哈 "联姻"，共同书写跨越 13 年的恩怨情仇。

如果单以成立时间衡量，达能集团在娃哈哈面前是当仁不让的 "老大哥"。1966 年 2 月，法国两家玻璃制造企业合并为 BSN 公司，主要生产玻璃瓶，此为达能集团的前身。1973 年的一连串的收购和整合之后，BSN 收购达能·日尔维集团，成为法国最大的食品企业，开始在欧洲和全球市场的快速增长。80 年代后，他们主动出售平板玻璃制造业务，全力以赴食品加工行业的投资，拥有了法国、英国、意大利的多个知名食品品牌。到 90 年代，达能向外走的步子更大，投资合作的重点转向亚洲、拉美、南非。

1987 年，娃哈哈成立元年，广州达能酸奶酪公司成立，达能正式进入中国市场，先后和淘大酱油、光明乳业合作，并成立了多家食品有限公司。但他们最希望同娃哈哈合资，早日从中国饮料霸主的王座旁分到丰厚的蛋糕。

---

[1] Franck Riboud，法国人，1957 年出生，BSN 公司（达能集团前身之一）创始家族成员。1980 年加入达能集团，1994 年任副总裁，1996-2014 年任达能集团董事长兼首席执行官。

经过艰难的谈判拉锯战，宗庆后得到了自己满意的条件。虽然娃哈哈在 5 家合资公司中持股 49%，但在宗庆后眼中，达能实际持股数量并没有娃哈哈多，它想要占据主动权，必须先绕过新加坡金加投资有限责任公司股权这一关。只要金加的股权里还有香港百富勤公司在，达能就掀不起多大风浪。

即便是宗庆后也会失算。1998 年 1 月，正当他关注着娃哈哈产权改革时，随着全球金融环境的动荡，一场金融风暴在亚洲升腾。由于大量投资东南亚债券市场，香港百富勤公司受到金融风暴的冲击，突然宣布破产，并将其在金加公司的 30% 股权全部转让给达能，金加公司在娃哈哈合资企业中所占的 51% 股权，也就此落入达能手中。无论在法律还是事实层面，达能都成为 5 家合资公司的控股方。

事后，宗庆后在不同场合都表示，自己是在谈判中落入了圈套，但平心而论，这次意外难以避免。

宗庆后是商界的创业老手，但正如许多优秀创始人那样，他对合资、控股这些事并没有充足的经验。回望这次合资的来龙去脉，人们不禁会想：如果他当时邀请了专业咨询团队，认真分析合资对手，是否能厘清风险？如果他更加细心、敏锐，是否可能在协议中预先列出措施，尽量减少损失？答案有很多种，但未必都会导致后来的局面。

"智者千虑，必有一失。"宗庆后习惯了大权独断，即便在合资谈判中也如此，那他势必要面对权力的不可承受之重。谈判时，既然他不同意达能看娃哈哈的报表，以他的立场、处境和性格，自然也很难开口去要求查验对方的投资状况，即使他提了出来，对方也很可能以对等立场拒绝。这就让他难以准确判断百富勤的未来，也就无法避免控股权的骤然失去，无法避免双方"婚约"的褪色。

宗庆后失去了控股权，但他并没有失去底牌。在最初谈判时，达能主动提出，只愿意和宗庆后手中实力最强的几家公司合资。对手这种精明务实的态度，还让宗庆后一度犹豫。当时，他很想借助外资的力量发展壮大娃哈哈，当然希望合资的范围更广。但他转念想到，如果将集团全部家底交出去，多年来培育的品牌也有被外企资本一口吞掉的可能。最终，宗庆后选择了同意对手的方案，只拿出娃哈哈旗下的 5 家公司。从数字上看，娃哈哈的 12 亿固定资产中，宗庆后为自己保留了 3 亿元的独立王国，当他失去合资企业的控股权后，这 3 亿元随即发挥了重大作用。

除了骤失控股权，宗庆后还对另一件事感到如鲠在喉，那就是双方关于"娃哈哈"商标所有权和使用权的分歧。

1996 年，娃哈哈和达能合资前夕，达能方面提出要用 1 亿元人民币购买"娃哈哈"商标，具体方案是由金加公司出资 5000 万元，另 5000 万元则作为娃哈哈集团向合资公司投入的无形资产。这个方案听起来很美，娃哈哈能净赚 5000 万元，还节省了 5000 万元投资。但谨慎的宗庆后并未马上同意。

宗庆后并不想靠转让商标赚钱，他想到的是某些民族品牌在合资后先被外方收购，随后就被"打入冷宫"的遭遇。但是，如果连商标都不愿意分享，达能为什么要来合作呢？

思来想去，宗庆后提出只能转让商标的使用权，这意味着双方合资的 5 家公司可以使用商标，其他与合资公司没有竞争关系的企业，也可以通过授权来使用商标，其中自然包括宗庆后手中没有打出去的底牌。宗庆后认为，这种转让方式既能得到资金，也能有所保留，不会动摇"娃哈哈"品牌的根本利益。对此，达能也表示了同意。

按照法律规定，双方的商标转让协议需要向国家商标局报批。由于种种原因，尤其是国家商标局预见了知名民族品牌的转让可能带来的后续风险，他们并没有明确批准商标转让，也没有备案公告。

商标转让的行为没有获得法律许可，让达能坐立不安。1999 年 5 月 18 日，他们终于说服了宗庆后，和娃哈哈另行签署了《商标使用合同》。这份合同明确规定无论商标转让是否获得国家商标主管机关的同意，合资公司董事会都获得了类似商标转让的使用许可权利。在达能看来，这可以进一步坐实双方围绕商标是"转让"关系，而非"许可"关系。

而宗庆后很可能认为商标局既然都没有明确批准，"转让"关系也就无法存在，因此放心大胆地签了补充合同。殊不知，围绕商标权究竟是"转让"还是"许可"，双方各有想法，造成了"同床异梦"的开端，也埋下了未来纷争的伏笔。

在迈向新世纪的最后两年时间里，宗庆后不仅遭遇了控股权被翻盘的意外，就连亲手缔造的"娃哈哈"商标究竟归属于谁，也开始变得难以言说。这让他原本投入很高期望的合资前景，逐渐变得暗淡起来。但宗庆后绝非任由命运摆布的人，面对变化莫测的弈局，他既没有选择进攻，也没有选择退让，而是选择在另一张棋盘上悄然落子。

## 分家的前奏

控股权的改变、商标权的争议，只是达能和宗庆后分歧公开化的导火索。从合资开始后，双方就面对着一系列的分歧而无法解决。宗庆后想在西部内地建厂、上生产线，达能则不看好这种投资。宗庆后想要建设原料厂，达能又认为没必要，直接买他们的新西兰原料更便宜。宗庆后提出试水酸奶项目，达能也不同意，却把项目投给另一家合资企业……

分歧并非只停留在战略层面，日常管理的问题也比比皆是。合资初始，达能就通过董事会对宗庆后进行了严格限制，只要是超过一万元的固定资产开支项目，宗庆后就必须提供详细的可行性研究报告，再等董事会批准才能实施。但在实际经营中，更换进口设备的一个零部件都可能超过上万元，不可能等每季度召开一次的董事会会议来批准。此外，宗庆后提出的产能缺口、资金短缺等问题，达能起初也不愿意增加投入来解决问题。

刚开始，宗庆后还一次次向达能董事会打报告，董事会则先走讨论流程，再予以表态。但无论董事会最终什么态度，都赶不上市场的瞬息变化，这让宗庆后感到束手束脚。后来，他就不再那么频繁地打报告，在合资范围内能做的事情，他自行其是。如果不能，他就用手下的独立公司先去做。

1998年3月28日，失去合资企业控股权不到三个月时间，宗庆后一手打造的"非常可乐"在杭州下沙工业园生产基地悄然下线。鉴于达能坚决反对碳酸饮料项目，宗庆后选择了单干，他投入自有资产，自负项目风险。对此达能当然知情，却选择了装聋作哑，打起小算盘：如果项目不成功，他们就可以借口收回经营权，不再让宗庆后管理合资企业，取得更大的权益；如果项目成功，到时候再谈也不迟。

非常可乐果然盈利，这让达能倍感意外。当年5月，他们再次投入1500多万美元，与娃哈哈合资成立了非常可乐饮料有限公司。达能在其中控股51%，还是由宗庆后担任法定代表人。到2001年，非常可乐在国内销量达到62万吨，逼近当时的百事可乐，而娃哈哈系列饮料总产量与可口可乐在中国市场总量持平，这一成绩在全世界范围内未曾出现。

达能尝到了摘桃子的甜头，终于转变了态度，不再过分约束宗庆后。此消彼长之下，宗庆后的信心更加坚定，也更多谋求在这场"婚姻"内的话语权。

2002年初，一桩意料之外的并购刺激了宗庆后。

这年2月，达能公司以92%的绝对优势控股了乐百氏集团，原本属于竞争关系的娃哈哈和乐百氏，突然成了达能在中国市场互搏的左右手。为了拿下乐百氏，达能一举投下23.8亿元，明眼人都能看出，在他们的未来计划里，乐百氏将会比娃哈哈更加优先。

消息突如其来，宗庆后浮想联翩。当初，他熬夜审核与达能的合资协议，在厚厚的协议上逐页签下名字，他当然记得那些重要条款，诸如"不得自行生产与合资公司同类产品""不得损害合资公司利益"等。如今看来，这些条款带有强烈的讽刺意味。娃哈哈集团的另一半企业需要生存和发展，根本不可能放弃饮料产品。达能在合资之前就握有多家中国食品饮料企业的股权，合资之后更是突然拿下乐百氏，这又何谈"不得损害合资公司利益"呢？

更讽刺的是，达能的秦鹏同时在娃哈哈合资公司和乐百氏担任董事，随之发生的事情让人哭笑不得：娃哈哈合资公司董事秦鹏积极参与董事会对下一步经营策略的商议制订,而乐百氏集团董事秦鹏又针对娃哈哈的策略,参与制订应对措施。

2000 年 6 月 6 日,宗庆后直言不讳地向董事会指出:"今年达能收购乐百氏并注入资金后增强了对手的竞争能力。"到 2001 年夏,乐百氏突然在旺季降价,宗庆后不得不马上补贴经销商来应对进攻。同年 9 月 5 日,他对达能这种左右互搏的游戏忍无可忍,在董事会会议上明确抗议说:"要解决乐百氏的问题,不要让我们腹背受敌。……否则明年不论是谁,将一律开打,不然我们没有退路。"

达能感受到了宗庆后的杀气,提出双方合作管理乐百氏的方案。在秦鹏看来,让宗庆后进入乐百氏管理体系,既能获得宝贵的咨询建议,又能弥合双方矛盾,不失为缓兵之计。但宗庆后并不领情,他想做的是两家企业业务的整合者,而不是扮演被边缘化的角色。如此巨大的差异,让方案付诸东流。

至此,宗庆后明白了达能在中国市场的战略。他们并非真心想和任何一家中国企业共同做大做强,而是不断收购和卖出有优势的企业,通过左右互搏之道坐收渔翁之利。

拿下乐百氏后,达能仍未停止。他们又参股了光明乳业,收购了梅林正广和饮用水有限公司 50% 的股份。宗庆后就此下定决心,要着力发展非合资公司,确保娃哈哈的利益。他甚至从达能那里学来了新战术,先到海外注册离岸公司,再以外企的身份到国内找合作对象,成立新企业,完全摆脱达能控制。

宗庆后在安排后路,但他也很清楚,这是埋在自己和达能之间的一颗定时炸弹。这颗炸弹什么时候炸响,取决于达能中国的业绩。如果其他合资企业的业绩不行,为了创造利润向法国总部交差,秦鹏他们会很配合地共同管控好这颗炸弹,大家各取所需。但如果有一天,娃哈哈的利润对达能不那么重要了,或者双方合资的业绩下降明显,炸弹就会轰然炸响。

这种令人悲观的局面并未出现。从 1998 年到 2005 年,娃哈哈的业绩不断上升，让达能无话可说。反之，达能收购的乐百氏却自身难保，一步步滑入亏损局面，2005 年的亏损高达 1.57 亿元，其投资的汇源、正广和、益力等众多企业表现也远不及娃哈哈。

为了扭转亏损局面，2005 年 7 月 1 日，达能集团亚太区总裁换人，法国人范易谋[1]成为宗庆后的新对手。他的到来，正式点燃了双方战火。

---

[1] Emmanuel Faber，1962 年出生，曾在巴林兄弟银行任职并购业务咨询。进入达能后，先后担任并购部门主管、集团首席财务官。2005 年 7 月 1 日出任法国达能集团亚太区总裁。2014 年出任集团董事长兼 CEO，2021 年离职。

## "达娃"战火引爆

2005年的范易谋雄心万丈，他上任后就将达能亚太总部从新加坡搬到了上海，想要在中国市场大干一番。但等他深入实地观察形势时，才发现宗庆后有多强大：第一，达能原本是控股方，但实际管理的权力被"架空"了；第二，不到十年间，娃哈哈的非合资公司数量翻了7倍，已达到60余家，利润达到10.4亿元，与合资公司持平；第三，娃哈哈非合资公司也在光明正大地使用商标。

从法律上看，宗庆后这么做并无问题。达能和娃哈哈的合资股权始终在双方约定的企业范围内，达能从未直接投资娃哈哈集团，双方保留各自独立性。当达能和娃哈哈双方之间的利益冲突被放大，宗庆后有权打非合资企业的牌。此外，双方原本也没有约定对商标的专有权，宗庆后自然保留了非合资企业使用商标的权利。

但无论出于利益还是基于感情，范易谋都无法接受，在他的鼓动下，达能董事会也无法接受。

2006年，达能率先发难，秦鹏不断提出以40亿元人民币收购所有非合资公司51%的股权，均遭到宗庆后的拒绝。秦鹏的报价随之提高，提出愿意支付6000万美元给宗庆后个人。

达能觉得，条件已经很优厚了。宗庆后已年过六旬。即便他点头签字，也不会影响在娃哈哈的领导地位，6000万美元更是天价财富。但宗庆后还是没有松口。

最初，宗庆后旗下的合资公司与非合资公司是紧密联系的。后者作为前者的代加工厂，获权使用娃哈哈的商标、采购、销售渠道等资源，其原材料采购、产品销售也是由合资公司掌握，并与合资公司共用财务账户。但随着达能报价的提高，宗庆后反而加快了步伐。

2006年12月，宗庆后成立了非合资公司杭州娃哈哈食品饮料营销有限公司，将之作为非合资公司产品的营销渠道。同时，全国各地经销商都收到了两份新合同、两个新账户，这正式宣布了合资与非合资公司的分家。

消息传到法国，里布坐不住了。他从法国巴黎动身来到杭州，当面和宗庆后交涉。

宗庆后对里布印象颇佳。他去达能总部参加会议时，里布要求为他升起中国国旗，这让素来爱国的宗庆后感觉很骄傲。他还听说，在达能集团董事会会议上，有人提出要控制防范自己，也是里布表示没有必要也没有理由这样做。

在里布的温情劝说下，宗庆后一时无法下台，在意向书上签下自己的名字，同意了达能对娃哈哈集团其他非合资公司51%股权的收购。如果说之前的合资是箭在弦上不得不发，那么这次签字，可谓宗庆后平生中为数不多的又一次败笔。他过于相信自己对付秦鹏的那一套，根本没想到如果将非合资公司股权也卖了出去之后，范易谋会怎样改弦更张对付他。

消息传出，娃哈哈的职工持股会坚决反对出售股权，宗庆后手下的干部们也纷纷进谏。

宗庆后集权，但他并不糊涂。他很快明白过来，自己签错字了！

天无绝人之路。宗庆路虽一时草率，但签下的只是意向书而非正式合同。事情还有转圜的可能。

2007年1月，宗庆后向达能发函，表示暂缓收购非合资企业的谈判。达能早有准备，向他发函指出非合资公司擅自使用"娃哈哈"商标属于违约，并宣称要启动法律程序。4月，双方矛盾被新闻媒体曝光，一篇题为《宗庆后后悔了》的报道正式拉开了"达娃之争"的帷幕。这场纷争你来我往，延续三年，进行了多个回合的较量，成为改革开放后最为牵动社会舆论的中外合资之争。

第一回合发生在舆论场上。先是达能召开新闻发布会，指责宗庆后；宗庆后则做客新浪门户网站，提出达能是想恶意并购，掀起互联网上声讨达能的浪潮。有网友将达能说成"侵略者"，也有专家疾呼"中国本土品牌到了最危险时候"。对此，达能致信新浪财经反击，娃哈哈集团则发出"全体职工代表声明"，其下属企业所在各地的地方政府也纷纷发信发函，支持宗庆后的决策。

短短几天里，舆论的民族情绪被点燃，他成功占据了第一回合的优势。

范易谋也不是吃素的，他放出话来，如果宗庆后想要脱离达能，就要让他在诉讼中度过余生。话音未落，双方的第二回合就在法庭上展开了角逐。

达能出手凶狠，兵分多路。就娃哈哈同业竞争问题，达能在瑞典向斯德哥尔摩仲裁院起诉。针对供应商，达能在法国、意大利提出起诉。针对宗庆后的妻女，达能在美国提出起诉。在英属维尔京群岛，达能对娃哈哈离岸公司及股东提起诉讼……

在这些诉讼中，斯德哥尔摩的仲裁至关重要。根据双方签订的合资合同，一旦发生纠纷且协商不成，就要以仲裁方式解决，而仲裁机构就是斯德哥尔摩仲裁院。

想到自己即将远赴瑞典，去面对一群外国仲裁员，去举证、辩论，宗庆后的内心不可能平静。他只想好好做生意，从没想到上国际法庭，但事情既然来了，他也不会害怕。

在《给法国达能集团董事长里布先生及各位董事的公开信》中，他正式向达能诸君表示："本人从今以后不与你说了，亦不与你干了，亦不与你玩了，要养精蓄锐到斯德哥尔摩与你讲理了。"他还引用了最崇拜的毛主席词句"不管风吹浪打，胜似闲庭信步"，表达自己的心情。

这封信是 2007 年 6 月 7 日晚上发出的。在信中，宗庆后列举了双方合资十年的丰硕成果，合资企业数量从 5 家增长到 39 家，年利润从 1.11 亿元增长到 10.91 亿，资产从 10.49 亿增长到 78.9 亿……而自己一路走来，面对的是永远有道理的达能董事，他们既不懂中国市场，也不想承担风险，更不愿履行责任，只想从增长的利润里分蛋糕。连合资企业派员工去法国参观考察，达能还要收取每人 1.2 万欧元的陪同费；如果想要培训，每人还得再交 1.2 万欧元。反观自己，虽然名义上担任 39 家合资公司董事长，但最初只是从一家公司领薪酬，每月 100 多欧元的工资，直到 2007 年也才 3000 欧元的工资，就算加上达能承诺的利润、奖金、补贴，宗庆后也自嘲是"世界上最廉价的董事长兼 CEO"。

在公开信的后半部分，宗庆后也反思了自己签署各类协议过程中的错误，认为自己过度宽容、善意，反而被达能认为软弱可欺，得寸进尺。

公开信洋洋洒洒 5000 余字，仿佛宗庆后出征斯德哥尔摩之前的檄文，让人们对这两家企业的商业纷争更加好奇。

宗庆后说到做到。同一天，宗庆后通过娃哈哈集团新闻发言人宣布，自己辞去娃哈哈和达能合资的 39 家公司董事长职务。达能立即表示接受，并宣布范易谋担任临时董事长。一时间，外界好奇的目光交汇在这个法国人身上，处在风口浪尖上，他真的能坐稳娃哈哈董事长这个位置吗？

## 山重水复疑无路

宗庆后的辞职并非退让，而是另一种形式的进取。宗庆后辞职时，得到了全体娃哈哈人山呼海啸般的公开响应和支持。

从 6 月 8 日起，娃哈哈集团通过新浪网接连发布 5 份声明，声明者分别是娃哈哈的全国经销商、销售公司市场部和供应部的职工代表，以及秋涛、下沙、乐维三大生产基地的全体员工。每封公开信都情绪激动、言辞激烈，公开表示对宗庆后的支持，要集体保卫娃哈哈这个标志性的民族品牌，要更加团结、更有力量，将斗争进行到底。让人侧目的是，公开信的末端照例密密麻麻签上了全体参与者的名字。

眼看着斗争又被拉回自家不擅长的舆论场，达能颇为尴尬。6 月 12 日，达能在上海波特曼大酒店召开新闻发布会，指责宗庆后的公开信断章取义、歪曲事实。新闻发布会还没开完，数十名头戴黄色小帽的娃哈哈员工涌到酒店门口，举起标语口号，对达能表示抗议。尽管他们很快被民警制止并带离现场，但范易谋还是愤愤不平地说："这是有人在故意捣乱。"

娃哈哈人不只准备了公开信和抗议。6 月 13 日，宗庆后效仿达能举行新闻发布会，他摆事实、讲道理，解释了双方矛盾的来龙去脉，让新闻界得以窥见事情的全貌。他还特别强调，此前和达能之间的商标合同文本存在漏洞，娃哈哈将会通过法律途径收回达能手中的使用权。

宗庆后不断进攻，范易谋的日子变得不好过了。他虽然被任命为临时董事长，但 39 家合资企业的所有中方董事都不买他账。反而有中方股东向他寄出律师函，表明范易谋现在仍是各合资企业的副董事长，不应同时兼任各企业的董事长，董事长就算不是宗庆后，也应该由娃哈哈委派担任。

7 月 3 日，宗庆后组织了阵势空前的中外媒体见面会，300 多位记者应邀参加。当天上午，他们参观了合资企业的生产基地，那里大门内外都悬挂着支持宗庆后的横幅标语，无论是基层员工还是高层管理者，都表示不希望宗庆后离开。人们的担忧合乎情理，一旦娃哈哈非合资公司业绩下滑，作为持股者，这些员工的切身利益也会受损。

下午 2 时许，记者们走进酒店会场。这里到处悬挂着一条条红色横幅，上面有着醒目的黄色大字，令人倍感精神。主席台上就座的不仅有宗庆后、合资公司董事会中方成员、经销商、员工代表，还有曾公开支持宗庆后的健力宝掌门人叶红汉、原乐百氏高管王磊，以及两名律师。宗庆后用如此班底做出无声宣告，证明他不仅代表自己，也代表了现代化中国的民族企业。

每个人的致辞都慷慨激昂，充满力量，都表示要依法维护娃哈哈的权益。所有记者见识到了宗庆后治下的娃哈哈，确实如外界传言的那样团结统一，难以战胜。会议结束后，答谢晚宴随即举行，宗庆后亲自指挥一首《团结就是力量》，雄壮的歌声将现场气氛推向高潮……

此时的宗庆后不仅会造势，也早就认真自学了相关法律，补上了原本欠缺的法律素质。在这次见面会上，他高调宣布，鉴于合资公司的三位外方董事在包括乐百氏等竞争公司兼任职务，娃哈哈已委派律师向 39 家合资公司发函，要求合资公司董事会向这三位外方董事提起诉讼。

数天后，在沈阳、桂林、吉林、宜昌、宁波等地，一场场针对范易谋、秦鹏等人的诉讼开始了。诉讼内容并无新意，都是要求法院判令他们停止担任合资公司董事并赔偿合资公司损失。眼看着战火蔓延，达能在国外的诉讼尚未展开，就要陷入国内诉讼的疲于奔命了。

其实，以宗庆后的性格，原本并不想这么快就对簿公堂。但达能诉讼速度之快、范围之广，甚至累及在美留学的女儿，都激怒了宗庆后，决定以诉讼应对诉讼。

眼看着第二回合难分难解，达能突然转移阵地，杀向第三回合的赛场。从 7 月中旬开始，不利于宗庆后个人的新闻先后冒了出来。

先是达能对外宣布，娃哈哈集团伪造了某知名美籍华商陈先生的签名，用于开办离岸公司。通过对离岸公司的调查，达能又表示，宗庆后的女儿已加入美国国籍，他的"爱国企业家"角色全都是伪装。

消息传出，舆论哗然。互联网本就多是非，更何况这次的是非让人意外。如果达能列举的事实没有错，谁又会继续相信宗庆后呢？

正当人们感到疑惑时，另一个消息又从大洋彼岸的美国传来：宗家的代理律师突然退出了！

6 月初，达能在美国对恒枫贸易、宏胜饮料两家公司发起诉讼。达能之所以选择这两家公司，背后意图不言自明，两家公司的法定代表人都是宗馥莉，而施幼珍则是重要股东。达能希望全世界知道，他们不仅要起诉宗庆后，还要起诉他全家。由于宗馥莉持有美国护照，将诉讼地点定在美国，符合美国法律，也避免了被告合谋干预裁判结果。

宗庆后对此事非常气愤，得知消息后立刻选择辞职。在他的传统价值观里，生意归生意，交情归交情，生意谈不拢可以不合作，也可以打官司，但没必要翻脸无情去拖累双方家人。但西方企业文化不讲这一套，范易谋耸耸肩表示，宗先生既然让家人担任了离岸公司的法定代表人和股东，就要做好这种准备。

10 月中旬，美国加利福尼亚州最高人民法院正式开庭。十余天后，娃哈哈方面的代理律师谢克特突然向法官口头表示，其本人想要退出诉讼。11 月 9 日，宗家选择了替换律师。

无论是谢克特本人，还是其所在的律师事务所，都没有解释退出的原因。这不禁让人浮想联翩。有人说，律师一旦接受了代理委托，除非发现了特殊情况或者利益冲突，否则就不能解除合同。而所谓的特殊情况，也包括客户的陈述内容存在不真实情况。

传闻一个又一个，虽然达能无法加以证实，但宗庆后还是选择了回击。他先是否认了"伪造签名"，那位陈先生原本就和宗庆后有过合作，除了达能搞一次新闻发布会外，后续也没有任何人就这件事开展过任何举报、诉讼，甚至都无人提起。至于女儿国籍的问题，宗庆后坦然承认并宣布，宗馥莉已申请取消了美国国籍，回归到祖国的怀抱。

2007 年的盛夏，双方的博弈呈现出势均力敌而扑朔迷离的局面。达能占据国外诉讼的主动，娃哈哈以国内诉讼反制。宗庆后以情怀来得到舆论同情，达能则不甘心成为"外来势力"，想方设法破坏宗庆后在人们心中的形象。这场纷争从酝酿至此，已过去了两年半的时间，但无论是身为主角的宗庆后，还是娃哈哈数万员工，都看不到解决的希望。

## 恩怨终了结

"达娃之争"越往后发展，占据宗庆后的时间和精力就越少。他更关心企业的发展，也更希望回归到正常的工作节奏中。

宗庆后对接连不断的官司感到厌倦，而达能干脆显露了败象。

2007年秋冬之际，法国和意大利率先传来消息，他们针对娃哈哈供应商的诉讼落败了。在我国，杭州市仲裁委员会宣布了"娃哈哈"商标归属权的仲裁结果，达能还是败诉。在桂林、沈阳、新疆等地，娃哈哈对达能董事的起诉也陆续水落石出，达能依旧败诉！

漫长的"达娃之争"在2007年11月26日等来转机。时任法国总统萨科齐访问中国，在北京与我国领导人进行了国事会谈。早在他访华前两个月，"达娃之争"就已经双方同意而被列入正式议题。

达能在法国地位非同一般，它既是市值前十名的公司，也涉及许多农民的切身利益，法国政府对此事的关注和表态，也在情理之中。相比之下，我国政府相关部门在"达娃之争"中始终保持客观中立的态度，是因为纠纷原本就属于合资企业内部商业矛盾，在依法治国的大框架下，双方争议将会由仲裁委员会、法院来给出最终答案，政府不会也无须轻易干涉和表态。

毕竟是法国总统开了口，原本山穷水尽的局面迎来柳暗花明又一村。2007年12月20日，宗庆后赶往北京，与达能再次谈判。次日，双方发表了"休战"的联合声明。其大意是双方经过长期争议，都认识到再吵下去都没有好处，同意暂停一切诉讼，停止一切攻击性言论，开始积极和谈。

法律战场上的节节败退，两国政府的积极斡旋，让达能冷静下来，他们开始认真考虑退出合资的可能。但正如当年合资需要经过艰苦谈判，想要"分手"也不是容易事。

范易谋曾经表示，退出必须按照上市公司市盈率的计算方法，还要将整个娃哈哈集团包括合资公司和非合资公司的资产都算进去，以此为基数的51%部分计算达能的出售价格，达到了500亿元人民币的天价。

宗庆后认为这种计算方法匪夷所思。他选择了冷处理的方式，不再出面谈判，也不主动谈论双方的争议，改为派代表谈判。

随着谈判陷入僵局，范易谋的要价从500亿元降到了200亿元，但还是和市盈率有关。宗庆后回复说，达能购买娃哈哈股权时是按净资产算，出售的时候不应按市盈率计算。双方的沟通再次停顿了。

2008年新年刚过，范易谋荣升达能全球联席营运官，兼任亚太区总裁。1月15日，他宣布辞去娃哈哈合资公司董事长的职务。或许是为了释放善意，一直表现强硬的范易谋提议达能应该和中方股东们一起讨论，共同推选合资公司董事长。但他同时也表示，自己还是很希望继续担任副董事长职务的。

宗庆后没有太在乎范易谋的辞职，他很清楚，无论这个人以什么职务出现，他都会坚持到双方谈判的最终结局，也还是会在其中发挥各种重要作用。

果不其然，到了2008年3月，互联网上突然又爆出宗庆后个人的负面消息，消息声称宗庆后漏缴个人所得税3亿元。这条消息犹如在原本逐渐平静的湖面上扔下一块巨石，引发了新的舆论。

经过调查后，事情真相逐渐得以还原。从1996年到2005年，除了在国内领取不高的工资外，宗庆后依据达能与娃哈哈签署的合同，累计获得各项海外收入7100万美元。按照娃哈哈工会顾问、和君创业研究咨询公司总裁李肃的说法，达能相关人士曾在支付费用时告诉宗庆后，说已帮他纳税了。这导致宗庆后长期忽视了相关问题。直到2007年8月，达能公司向宗庆后传话，表示要状告其偷逃税款等问题，宗庆后才意识到问题的严重。当年10月，宗庆后就补缴了税款，而直到11月，杭州地税局稽查部门才正式立案调查，最终也并未认定宗庆后构成偷税罪。

一波未平，一波又起。6月中旬，有人向国内新闻媒体爆料称，宗庆后本人拥有美国永久居留卡（俗称"绿卡"），持有时间达到9年，目前仍然合法有效。

消息再次引发热烈讨论。宗庆后到底是不是美国人？他和美国究竟有什么联系呢？

这次，宗庆后不再沉默了。他高调宣布自己是堂堂正正的中国人，只拥有过中国国籍。他也确实有绿卡，但那完全是因为当年娃哈哈在美国开设了工厂后，为便于经常往返中美而做出的选择。后来，娃哈哈在美国的罐头生意不做了，工厂关闭了，宗庆后的绿卡也早就失效了。

宗庆后特意公布了公安部出入境管理局的记录数字，从1999年到2005年这段时间，他加起来在美国生活的天数不足100天。如果办绿卡是为了移民，这样的居住时长根本拿不到国籍。

到此为止，所谓"绿卡门"事件，演变成一场没有结果的闹剧。

围绕宗庆后个人的负面新闻，已被掘地三尺，再也挖不出什么"宝贝"。而法律战场上的胜负却日渐清楚。2008年12月30日，历时一年之久，英属维尔京群岛法院最终开庭审理了达能诉讼娃哈哈旗下离岸公司案件。法官在审阅了原被告双方提交的众多证据，并听取了双方陈述后，当场裁决撤销对离岸公司的冻结令、接管令，还指责达能在众多问题上对法庭的误导和隐瞒。法官在判决摘要中如此写道："他们从始至终都指称欺诈，但是未能具体指出宗先生及其同伙怎样欺骗了原告。""合资公司的审计材料表明：非合资公司并没有隐藏在原告之外。如果是这样就会产生一个问题：宗先生和娃哈哈被告具体进行了什么欺诈行为？"[1]

以上判决结果，又将"达娃之争"的天平指针，向宗庆后获胜方向移动了一格。

让人提气的是，从 2007 年到 2009 年，娃哈哈的销售额不断上升，蝉联中国最大的食品饮料企业，在国际上也仅次于可口可乐、百事可乐、吉百利等几家跨国公司。虽然与达能始终缠斗，但宗庆后还是游刃有余地在全国不断扩大产能规模，总共投资了 60 多亿元。

2009 年 2 月，宗庆后使出撒手锏。他宣布，娃哈哈合资公司已构成国内法律规定的司法解散事由和条件，如果达能继续漫天要价，自己就要提起解散所有 39 家合资公司的诉讼。

这是对达能的最后一击。如果真的被法院判令解散，合资公司就会进行清算，"娃哈哈"商标权已被仲裁归还给了宗庆后，达能还能分到什么？达能诸君不敢想下去了。

2009 年 9 月 30 日，在北京希尔顿酒店，达娃双方举行了和解协议的签约仪式。达能同意将合资公司中的 51% 股权全部出售给中方合资伙伴，双方都终止所有法律程序。根据多家媒体的透露，达能拿到的费用是 30 亿元，这个数字正是宗庆后此前的预期。

其实，达能在经济上并未吃亏。十余年来，他们在娃哈哈合资企业中投入 14 亿元不假，但已获得了 30 亿元分红，最终又拿走 30 亿元"分手费"。这完全是外国企业在华的成功投资案例。

告别了达能的宗庆后，来不及庆祝，就要奔向新的战场。

---

[1] 张玉成著. 法律商战 达能娃哈哈国际商战启示录 [M]. 北京：中国政法大学出版社 ,2012：81.

第九章

# 革新与传承，为了企业的未来

　　出于一个父亲而非董事长的内心愿望，宗庆后为企业接班形态选择了两种模式：或者是管理团队接班，宗馥莉只需要当大股东；或者是宗馥莉亲自领导团队，成为真正的接班人。在不少场合，宗庆后都表示了对上述两种模式的并存倾向，他也确实为此犹豫不决。他对女儿说："随便你，接班或不接班。"

## 改制，而今迈步从头越

娃哈哈与达能终于"分手"了。早在此刻到来之前，外界就已发现双方最初流露的"幸福感"并不全然真实。但有一种幸福是真实的，那就是在这次"牵手"期间，宗庆后完成了企业改制，这为他布置代际的接班做好了铺垫。

尽管，这是一次迟来的改制。

早在 1993 年，国家国有资产管理局制定的《国有资产产权界定和产权纠纷处理暂行办法》里明确规定，"产权界定应遵循'谁投资、谁拥有产权'的原则进行"。从那时开始，沿海经济发达地区就悄然刮起国有企业改制之风，在政企分开、产权明晰的原则下，这些地区的政府纷纷就国企改制出台政策和规定，许多曾经有"国企背景"的民营企业，也借此机会走向独立。

面对改制机会，宗庆后也很动心。从当年拿到承包权之后，再到成立杭州保龄儿童营养食品厂，所有的启动资金都来自他和员工从市场上赚到的、从银行贷来的，国家并未投入一分钱。从经济学而论，整个娃哈哈都是依靠企业自筹资金不断成长发展而来的。既然有机会让跟随自己的团队获得更多回报，再投入更多，宗庆后必然由心动而行动。

1996 年初，和达能合资之初，宗庆后就将美食城公司在庆春路、下沙的两大项目置换进 5 家合资公司，获得其 10% 的股份，也取得了数额不小的现金收益。随后，美食城又独资设立娃哈哈饮用水公司，参资进入娃哈哈集团在多地的生产项目，总投资额高达2.79亿元。如此，美食城上市失败之后的"烂摊子"被一举盘活，实力极大增强。

"时来天地皆同力"，在盘活美食城之后，关于改制的政策也成熟了。1998年10月5日，浙江省有关部门联合发布了《浙江省企业职工持股会暂行办法》，明确了职工持股会筹集的资金总额一般应占到公司总股本的30%以上，这为正在寻求改制路径的宗庆后带来了福音。他敏锐地意识到，机会可能要来了。

此前，国企改制作为新生事物，涉及不小的利益面，过程中的某些乱象也引发了不少质疑的声音，其中最敏感的话题就是"国有资产流失"和"改制之后到底应该由谁来持股"。在很多地区曾试行过的"内部职工股"方式，由于实际操作中容易执行偏差而遭到暂停。直到《浙江省企业职工持股会暂行办法》的正式出台，无形中从政策层面为宗庆后期盼的娃哈哈改制扫清了障碍。

不过，政策推出并非意味着马上就能在娃哈哈落地。宗庆后多次向地方政府提出改制，却未能得到积极回应。有段时间，宗庆后提出，可以在集团和达能共同投资的5家公司里，先挑一个作为试点改制，由宗庆后和全体员工购买这家公司里的娃哈哈股权。但这个方案还是没有得到回应。

娃哈哈和其他国企的地位迥然不同。很多国企亟须改制，是因为多年萎靡不振甚至负债累累，成了地方政府的沉重包袱。而大多数顶着"国企"名义的民营企业，无论在规模和名气上都比不了娃哈哈，自然也能顺利改制。

在等待中，宗庆后的人生走到了1999年下半年，机会终于来了。时任浙江省副省长的叶荣宝来到娃哈哈下沙基地调研，在交谈中，询问宗庆后企业改制的情况，宗庆后连忙向她汇报了自己的想法和面临的问题。

在省领导的协调下，娃哈哈的改制工作迅速运转。当年11月初，杭州市上城区政府批复同意娃哈哈内部员工持股方案。11月中旬，再次下文确认杭州娃哈哈集团公司改制为杭州娃哈哈集团有限公司。

根据最初的改制方案，娃哈哈集团的可转让净资产有 5.15 亿元，其中 49% 计 2.52 亿元资产，按照 6 ：4 的比例转让给宗庆后和全体员工。宗庆后持有集团股权的 29.4%，而持股员工又分为两部分，其中 38 位高管合计持有集团股权的 2.26%，1885 名员工组成的职工持股会持有 17.34%。

到 2001 年 5 月 14 日，上城区国资委与娃哈哈职工持股会签订股权转让协议，将 5% 的股权转让给后者。上城区国资局持股从此变为 46%，让渡了控股地位，而宗庆后和全体员工共持股 54%，得到了娃哈哈集团的主导控制权。至此，从 90 年代初开始的娃哈哈改制终告完成。

为了跨过产权的坎，宗庆后付出了多年的心血。他先是设立了高管团队持股的美食城公司，并通过携手达能而实现预期；随后又站稳了职工持股会的政策高地，获得了领导的认可；最终，他还在和达能对企业控制权的斗争中，利用自己和员工控股的独立公司，实现了惊心动魄的胜利。

虽然人人都知道，没有宗庆后就没有娃哈哈。但改换视角后，也有人认为，没有上城区教育局最初的支持，或者没有达能的携手，也同样没有后来的娃哈哈。站在公平角度分析，作为从特殊年代走来的企业家，宗庆后在"娃哈哈"品牌成长过程中，确实发挥了关键性的个人作用。在娃哈哈初生的年代里，任何优秀品牌能从默默无闻走向为人熟知，都绝非依靠某一条文件政策，或者某一次投资即可实现，它们更多依靠企业的创始人花费多年心血精心培育。没有出色的企业家，也就没有知名的品牌；想要保住"下金蛋的鸡"，就要保护能养好鸡的"农夫"。

历史是没有假设的。企业家作为品牌成功的关键人物，究竟应该获得多少个人回报，这是复杂到不可解的命题。在这道题目面前，有人写下了悲剧的答案，红塔的褚时健、健力宝的李经纬、伊利的郑俊怀、容声的潘宁……相比他们，宗庆后不仅完美走过了等待的煎熬，解答了别人无法破解的产权谜题，还能在日后俨然登顶全国首富之位。其人生际遇的天差地别，既有时代机缘的恩赐，也离不开才智、胆识和自律，同样少不了当地政府的开明与远见。

当产权不再是问题，宗庆后对接班人的布局逐渐展开。但在此之前，他要用新的产品，为未来的娃哈哈注入更多的创新基因。

## 横空出世，营养快线后来居上

2002 年，57 岁的宗庆后依旧每天清晨 7 时就开始工作，从生理角度而言，他已不再年轻。很可能是在此时，宗庆后意识到娃哈哈迟早将交给新人掌舵。作为这艘大船从建造到航行的主导者，他想要在航海图上为后人标出更清晰的方向，于是提出了"销售一代、开发一代、储备一代"的家庭饮料开发计划，将"持续推出引领市场消费潮流产品"纳入娃哈哈的战略规划。

此后的一年，宗庆后得到了很多关于新产品开发的意见和建议，但大多并不让人满意。

2003 年的一天，宗庆后去东北跑市场，有个名叫李东伟的经销商告诉他，当地出现了果乳产品，势头很强，正在和娃哈哈果奶、AD 钙奶抢市场。这种产品以牛奶和果汁作为主要配方，很受消费者喜爱和欢迎。

这款引起宗庆后兴趣的饮料，名叫"小洋人鲜果乳"。

小洋人是河北沧州的地方企业，老板陈世勇白手起家，摆过地摊、卖过冰棍。1993 年，他在几间平房里开了家夫妻店，和妻子戴秀芬携手创业。1995 年 7 月，夫妻店变成河北小洋人食品公司，生产低档袋装奶制品，主要面向沧州和附近的市场。

在传统的液态奶行业赛道上，企业既要努力提高技术，降低成本，又要以高额的广告费拉动产品销量。即便伊利、蒙牛也概莫能外。但势单力薄的小洋人在这两条路上显然走不通，于是他们选择了第三条路，这条路的名字叫果乳。

果乳，与果奶仅有一字之差，两者同属含乳饮料，但在原料和工艺上却有不同。以娃哈哈果奶为例，它主要是以优质奶粉为主要原料，经过调配、灌装、杀菌精制而成，"果"主要来自香精，严格意义上应该称为果味奶。而果乳则是以鲜乳或乳制品为原料，加入果汁充分融合后配制而成。2003 年，小洋人"鲜果乳"上市销售，其口味酸甜、香味清淡，还有独特的 PET 透明瓶型，使其迅速得到消费者的青睐。此外，果乳属于含乳饮料而非液态奶，成本和技术要求都远低于后者，以保质期而论，果乳的保质期轻松就能达到三个月，而当时的液态奶费尽技术，保质期也很难超过一个月。

如果用武器来比喻，娃哈哈果奶的成功，如同宗庆后手中的开山重斧，以强大的广告营销力量挥舞，收割了一片片市场；而小洋人果乳的成功，更像是灵光一现的锋矢，凭借精准和速度，在传统的牛奶和含乳饮料两大品类之间穿越缝隙，命中了无人竞争的靶心。面对蒙牛、伊利、娃哈哈等行业巨头，"小洋人"巧妙地将自身的劣势降到最低，进入全新领域，同时实现了差异化和高价值。

小洋人的锋矢速度太快了。虽然伊利率先反应，推出了"乳酸爽"，也还是竞争不过。小洋人却愈战愈勇，2005 年推出了升级产品"妙恋"。企业对这款产品充满自信，定下比市场上主流的可乐、茶饮料更贵的价格，每瓶 345 毫升的饮料柜卖到了 2.7~3.0 元。尽管如此，妙恋依然继续保持鲜果乳的领先地位，仅在石家庄，30 吨妙恋新品在两天内就被经销商抢购一空。

小洋人究竟是否能保住王座，取决于他们能否打败宗庆后的巨斧。当后者在 2003 年下定决心推出果乳产品后，隐秘的竞赛开始了。

娃哈哈科研中心的乳品组研究团队只有三个人，他们从宗庆后那里接到配方开发的任务，其目标是要开发出优于娃哈哈 AD 钙奶口味的果乳饮料，当然，也必须高于市场同类竞争产品。

开发初步完成后，测试和调研从研发中心内部开始，随后扩展到整个集团总部的 200 多名员工。被选出的样品又被送到市场一线，让分布在东北、华北、西北、西南、东南、华东等地的普通消费者品尝测试，其项目包括口感、酸甜度、香味强度等指标，所有被测试者在品尝样品后填写设计好的问卷，这些问卷被重新汇集到总部，由研发中心搜集整理反馈意见。

实际的过程当然远比文字描述要复杂。最初的测试里，很多人都不喜欢这种果汁和牛奶的混合物。有人说太甜，有人说太酸，也有人说黏牙……研发中心必须先"无视"这些五花八门的意见，集中注意力于数字比率，找出受喜爱比例最高的样品，再分析其主要弱项，进行针对性调整弥补。

经过不断筛选，样品基本确定。它出现在 2004 年度娃哈哈全国经销商会议现场，接受了来自各地的经销商品尝考验。

随着产品确定，策划团队也确定了主要消费群体，包括高校学生、年轻上班族，以及有 6~12 岁孩子的家庭。引入年轻上班族的想法来自他们在上海街头观察到的有趣现象：一些女性白领用报纸或手帕遮挡住娃哈哈220 毫升装的 AD 钙奶，一边饮用一边匆匆赶去上班。调研组对此很兴奋，因为这说明成年消费人群需要自己的果乳产品。[1]策划团队深入一线市场调研的习惯，毫无疑问来自宗庆后为娃哈哈身体力行立下的标杆。

讨论产品名称和定价时，策划团队演绎出热闹的头脑风暴。在这种场合，宗庆后总是避免使用自己的权威，他很乐意听下属们的激烈讨论，直到最后才发表自己的意见。

有人说，既然喝了就能补充能量，应该叫作"动力源"。也有人认为适合早上喝，可以叫"阳光早餐"。还有人坚定地说，就叫娃哈哈果乳，能继续走品牌路线。这些创意逐一写在会议室的白板上，但宗庆后一语不发。

---

[1] 汤定娜，万后芬主编. 中国企业营销案例（第 2 版）[M]. 北京：高等教育出版社，2007：91.

最后有人说，在快节奏的生活中，这款产品的钙质、维生素、营养素能一瓶到位，不如叫"营养快线"！

大家听了都说好。宗庆后也点点头，用手指向提建议的杨秀玲说："就叫营养快线吧。既展示了营养的功能诉求，也有快线的时尚因素。"[1]

这次会议上，娃哈哈还确定了 500 毫升的营养快线市场价格上限为每瓶 3.5 元。

营养快线的神来之笔在包装。它同样使用了透明塑料瓶，但却是大瓶口的。在此之前，大瓶口基本专属于运动饮料，而乳饮料使用大瓶口，带给人更多营养、更强动能的暗示。再加上白色为主、彩色为配的外包装色彩，也让消费者体验到充足的视觉冲击。

有了口味、名称、外包装这些创新点，娃哈哈的营销板斧变得更为灵巧精准，原有的力量却丝毫未失。2005 年，央视等媒体广告不断重复"早上喝一瓶，精神一上午"的广告语，轰炸着消费者的耳膜，也鼓动起他们跃跃欲试的心情。再加上宗庆后最为倚重的"联销体"，创造出小洋人完全无法比拟的市场铺货率……娃哈哈在比赛中的得分正在增加。

2006 年，娃哈哈营养快线产品销量扶摇直上，一举超过了小洋人的销量。尤其在城市市场，营养快线已完全占据了优势。到 2009 年，营养快线销售额达到 120 亿元，超过王老吉，成为当年中国销量最大的饮料单品。一时间，大批经销商拿着提货单等在厂门外的情景，再现了创业初期的无限风光。相比之下，小洋人曾经令人炫目的光环，开始逐渐退散。

这次集体创新的成功，让宗庆后印象深刻，也让他对多元化有了进一步的信心和希望。数年后，当有人问到他的得意之作时，他既没有说发家产品儿童营养液，也没有说果奶、纯净水和 AD 钙奶，答案只有一个，那就是营养快线。

---

[1] 胡玲. 营销管理与营销策划 [M]. 北京：对外经济贸易大学出版社，2017：167.

## 让娃哈哈变成家

2005 年，宗庆后刚过完 60 岁生日，达能的秦鹏突然莫名其妙地和他谈论起了接班人的问题。秦鹏说，您想干到什么时候都行，但希望您能培养一个接班人。

秦鹏是商业俊才，但他显然并未了解足够的中国历史，起码没有读过二月河的长篇小说《康熙大帝》。在几千年"不知生，焉知死"的文化背景里，家族之外的外国人，如此公开坦诚地和六旬老人谈论其事业的接班问题，很明显是不礼貌的。如果再加上其身为合资企业代表的立场，就显得更加"肆无忌惮"了。宗庆后对此的反感态度也很鲜明，他很快给达能集团董事长弗兰克·里布写了封信，彻底终结了这个话题。

和秦鹏体会到的恰恰相反，宗庆后并非没有考虑和安排。或者说，从他创业以来，他始终在培养接班人。在成长于集体主义理念氛围下的宗庆后脑海中，"接班人"概念并不一定是具体的某个人，而是他从未说出口但始终在默默打造的"家文化"。只要有这种不太为西方商业思想理解的"家文化"在，娃哈哈的每个人都能分担接班人的角色。

宗庆后将这种文化称为"凝聚小家，发展大家，报效国家"，他自己在其中扮演了企业家长的角色。正是在"大家长"和"家庭成员"的共赢互动中，企业才有发展，再在发展中平稳交接棒，并为新一代领导和员工保驾护航。

必须承认，很多企业并不存在"家文化"。或者是领导没有真正当起家长，抑或员工对此并不买账。在这些企业，大家将生活和工作看成天然分离的两件事，这种很少被质疑的职场准则形成了文化层面的双刃剑。既然领导认为员工不能将生活压力制造的负面情绪带进工作，那么员工又为什么要将领导眼中的企业绩效压力带到办公室之外呢？"营收""利润""渠道掌控""竞争对手"……这些名词在老板眼里是具体而微的利益，关系到自己和高管团队的收入与脸面，但对一个远隔若干层级，甚至这辈子也不会见到公司法定代表人的普通小职员而言，它们又有多少可描述、可感知的具体影响呢？更不用说，在下班之后还会为这些名词奔波操劳了。于是，在大多数企业，工作和生活被四面墙严格隔离开，走进这四面墙，可以忙会议、报表、报告；走出这四面墙，才是真正的人生。

但宗庆后不喜欢这样，他自己也从未这样工作过。在他当员工的时代，集体将员工当成家人，员工也将企业当作家庭，各种各样的矛盾在彼此融合过程中得到调和和解决，上下级之间有着信任和依赖，不需要太多的沟通成本，就能形成集体合力。当他创业后，员工也就此变成了家人。

宗庆后对娃哈哈家人的关心并非在口头上，而是在习惯上。在校办工厂经销部时，宗庆后的下属很少，大家一块儿干活儿，一块儿吃饭。如果他听见有人议论菜的口味，他会第一时间跑进厨房，向厨师提建议。合并"杭罐"之后的一天，他去食堂吃完饭，看见前来就餐的工人特别多，他干脆挽起袖子，帮着食堂工勤人员收拾餐盘。那时，谁也不认识他就是新来的厂长。

作为企业家，宗庆后对娃哈哈家人的关心又并非在习惯上，而是体现在经济层面。从1999年改制后，全体员工都是娃哈哈的股东，都能享受到企业发展的成果。员工的基本工资每年增加，奖金则按利润比例增加，年底还有年终奖和干股分红，有特殊贡献者再发特殊奖励。从那时起到现在，员工的人均收入翻了一百多倍，远超全国平均工资增长水平。

有几个数字，可以见证宗庆后是如何向员工发"红包"的：

2017年，是娃哈哈成立30周年。当年"双十一"，宗庆后突然给员工们发放了 3.3 亿元的"剁手费"。

2019 年，娃哈哈业绩稳步增长，发了 6 亿元的年终奖。

2021 年，年终奖数字再次达到 6 亿元。

2023 年 8 月，由于上半年业绩增长，宗庆后又向全体员工发放额外奖励，总金额超千万元，从管理干部到普通员工人人有份。

2024 年 2 月，集团继续发出 6 亿元年终奖。

…………

在一次接受媒体采访时，宗庆后说："要想实现共同富裕，首先企业要给员工加工资，先把自己的员工扶持好。"

他紧接着说："现在年轻人结婚没房子，买也买不起，租也租不起，买了租了，负担很重，这比工资还重要。"[1]

在政府部门、国有企业早就停止了房屋分配制度的今天，宗庆后就像从 20 世纪挟风带雨穿越而来的老人，依然在按老习惯发放福利住房。刚开始，政策允许企业建房分房，许多老员工都享受到了。后来政策改变了，宗庆后就开始分廉租房。2019 年，娃哈哈老罐头厂拆除，宗庆后决定在原址投资 9.42 亿元，建造 1364 套两室一厅的廉租房，租金为每套数百元，保障员工住有所居。宗庆后说，娃哈哈很早就开始分房，新建的这些房子，都会分给年轻人。

除了本地廉租房，娃哈哈还在全国各基地为员工提供免费宿舍，实施阶梯式覆盖全员的安居工程。到 2024 年时，娃哈哈在天津、重庆、成都、海宁等地已建起上千套员工公寓，福利分房 1500 多套，为员工提供廉租房 640 套，提供购房补贴 5000 多万元。

钱和房子的问题解决了，宗庆后对员工的其他需求也呵护备至。

---

[1]陆玫. 娃哈哈"大家长"宗庆后：发 6 亿元年终奖，为员工建保障房［EB/OL］.（2024-02-25）［2024-12-26］. https://www.thepaper.cn/newsDetail_forward_26461439.

娃哈哈没有劳务派遣工，社会保险参保率 100%，足额发薪率 100%。企业根据员工的不同成长方向，开发出 200 多门培训课程，结合出国培训、专业技术培训、持证上岗培训、现场交流等多种形式，使员工培训覆盖率超过 100%。

从 1987 年开始，连续 33 年的春节前夕，宗庆后都会和员工共同欢庆。下沙基地建成后，他总是在大家的夹道欢迎下，如家族长老那样走进基地的俊杰仓库，和上千名留守的外地员工一块儿吃年夜饭、唱歌、看文艺表演。他也会上台讲话，但发言很简短："希望祖国繁荣富强，希望大家能过上美好幸福的生活！"台下的员工在接受电视台记者采访时会兴奋地说："我喜欢在这里过年，我感觉这里就是家！"如此热闹的年夜饭，到 2021 年由于公共卫生原因改到线上，而直到 2024 年的小年夜，145 桌的年夜饭摆满，还会有人心生疑惑，奇怪为什么宗老没有来。

在宗庆后指导和参与下，无论是集体婚礼、庆功宴、旅游团建等特殊活动，还是日常的职工代表大会、文体活动、员工维权热线、工会主席接待日、离职员工访谈等活动，都让员工相互之间增长情感、培养默契，让企业互帮互助的气氛变得更加浓厚。

宗庆后还有一个特殊规矩，只要不是违法违规，没有犯下原则性大错误，不能开除 45 岁以上的员工。他对此解释说："他好好在这里干，你辞退他干什么？尽管能力有差异，那能力差的就永远找不到工作了吗？老板要关心员工的利益，关心员工的小家，让他没有后顾之忧。"[1]

这样的宗庆后想不通，为什么有些民营企业老板总是会嘴上对员工好，但算计起员工来却格外精明。但他能确信，自己将娃哈哈变成所有员工的家，无论是合资、革新还是传承，就不会有内部的困难，更不用说培养下一代了。

[1] 楚天都市报. 宗庆后"不辞退员工"令人深思 [EB/OL]. (2024-02-27) [2024-12-26]. http://news.cnhubei.com/content/2024/02/27/content_17474273.html.

## "家文化"孕育下一代

用"家文化"不断孕育员工，并非宗庆后的发明。信仰这种文化，只因他见证过那个火红的岁月，见证过简单而纯粹的组织。

在宗庆后的青春年代，领导必须有实力把单位发展好，再把员工照顾好，员工才会尽心尽力干活，单位才能变得更好。宗庆后因此坚信，无论到什么时候，组织和成员之间的良性循环规律都是不言自明的：组织是家，为成员提供遮风避雨的港湾；成员则是家里的人，只有人心留在家里，家才会有生机、有期盼。

正因为有了"家文化"，员工虽然一代比一代年轻，但对娃哈哈的忠诚并未动摇。新员工进了企业，很快就能融入其中，整合为勤奋而高效的新团队。在"娃哈哈"品牌遭遇危机的时刻，在与达能对峙的关键时刻，宗庆后永远不是一个人，也不只是一个大股东而已，他幻化成为所有娃哈哈人长远利益和当下情怀的图腾；他的背后，永远有成千上万的人在呐喊和奔走。

有了"家文化"，娃哈哈员工的执行力和敬业精神就能一以贯之，代代相传。

早年间，宗庆后下车间检查工作，走在厂区的马路上，他习惯性地摸出一支烟点上了，这违反了厂区内不得抽烟的禁令。一名经济民警看见后，走上去敬礼说："这是厂区，您最好不要抽烟，这是规定。"宗庆后略带尴尬地掐灭了香烟，他后来特地找到保卫部门的领导，请转达对这位经济民警的致歉和敬意。

如果不是真正将自己看作企业的家人，什么样的员工才会这么做呢？如果不是有将员工看成家人的胸襟，什么样的企业家才会"允许"员工如此呢？这也难怪国际知名的埃森哲咨询团队在为娃哈哈服务后，给出了很高的评价："这么好的执行力，执行得这么到位，员工不分昼夜干，还毫无怨言。我们没见过。"这也难怪在制造业普遍面临用工荒的今天，每年春节过后，娃哈哈集团遍布全国的生产基地里3万多人的就业岗位始终稳中有增，返岗率不断创下新高。

像是为了保留心中的圣地那样，宗庆后将国有企业的"家文化"尽可能完整地传输给娃哈哈，使得这家市场经济下的股份制企业，拥有了横亘两个世纪的人力资源优势。手握如此优势，宗庆后足以睥睨群雄，更不必担忧时间的考验，不必担心女儿宗馥莉的顺利接班。

严格地说，宗馥莉自幼就生活在这家企业里，她比绝大多数人接触娃哈哈都更早，她自己就是"家文化"的结晶。

娃哈哈创立那年，宗馥莉刚5岁。她对父亲的童年印象是稀疏的。宗庆后夫妇都在厂里忙，有时两个人都忘记去幼儿园接孩子，偌大的校园里只剩下她一个人哇哇大哭。

没过两年，清泰街160号的人们就经常遇到这个小姑娘。她背着书包在夕阳下走进三楼总经理办公室，在桌前安静地做作业。偶尔有不懂的问题，她就会问隔壁的叔叔阿姨。等做完作业，她会去公司食堂吃饭，有时候也在大学生集体宿舍里跑进跑出。所有这些地点距离她位于二楼的家都近在咫尺，宗馥莉就这样在娃哈哈的怀中长大。

小学毕业后，宗馥莉到了杭州市二中读书。她的成绩越来越好，宗庆后则越来越忙，与女儿有关的一切都交给了妻子。到1998年，在女儿强烈要求下，宗庆后夫妻同意她前往美国读书，留学学校是加州洛杉矶的圣马力诺中学。那时候，娃哈哈和达能正处于短暂的"蜜月期"，据说是达能高管推荐了这所学校。宗庆后心中颇为不舍，但女儿也继承了她当年的倔强和果断，继承了他想要出去看看世界的决心。

宗馥莉后来说："我希望去国外读书，做这个决定时我就承担它所有后果。这个经历让我学到很多，包括自己的独立性，知道自己想要什么，这对我有很大帮助。"

圣马力诺中学是百年名校，属于校风严谨的寄宿制中学，对着装、仪表之类的细节都有严格规定。宗馥莉从这里毕业后，进了加州佩珀代因大学学习国际贸易。在多年留美的时间里，她从 16 岁的懵懂少女变成意气风发的白领，基本上都是靠自己照料学习、社交和生活。只有为数不多的几次，宗庆后到美国考察业务，父女才可能有珍贵的亲子相聚时间。

2004 年，宗馥莉大学毕业回国，开始参与娃哈哈的内部事务。

那些年，中国的"创二代"很多，但并非人人都愿意回来接班，原因是很多民营企业从事制造、零售、房地产等传统行业，无论企业本身经营得如何，行业所处产业链上下游大都充斥着传统理念和既得利益力量，再加上"创二代"普遍没有充足的业绩支撑和威望背书，这些都让他们对接班这件事望而生畏。但宗馥莉却坚决地回来，一如她当年坚决地走。

回国之后，宗馥莉没有到娃哈哈总部报到，而是前往位于萧山的娃哈哈二号生产基地管委会。在宗庆后的安排下，她从了解生产线开始，随后像其他新人那样担任企业中层干部的助理，再逐步负责 6 家分公司的生产。

24 岁的宗馥莉有些稚嫩，与父亲的工作角色距离也比较远。从 2006 年开始，李清宇就在娃哈哈工作。在她眼中，那时的宗馥莉年轻微胖，做事爽快，说话直接。渐渐地，大家都知道了她是宗庆后的女儿，开始叫她"宗总"。但宗馥莉拒绝了这种叫法，她说，自己更喜欢别人叫她"Kelly"，那是她在美国用了多年的英文名字。

2007 年开始，宗馥莉兼任娃哈哈童装公司和哈卡倩娜日化用品公司总经理。宗庆后让女儿负责这些领域，既是考验和锻炼，也是为了集团多元化的试水，同样是内心潜意识的一种补偿。宗馥莉小的时候，宗庆后很少有时间陪伴她，即便是生病，忙前忙后的也只有施幼珍。直到成年后，宗馥莉在很长时间里也和母亲更亲。但作为补偿，宗庆后每次出差，都会给女儿带回来好看的衣服。这成为父女两人之间亲情的纽带。

在娃哈哈"家文化"里孕育出来的下一代，终究不会甘于做童装和日化。很快，继承了宗庆后倔强个性的宗馥莉，就会带着崭新的管理风格而大踏步前进，步入娃哈哈的核心管理层。但她并非前来继承，她想打造新的"家文化"，她将拥有这个杰出的企业。

## 宗馥莉走出光环

宗馥莉不会甘心生活在他人光环下，哪怕这个人是宗庆后。2013年，在"风云浙商"颁奖典礼上，主持人突然问她："父亲是你的偶像吗？"面对台下的一众前辈，宗馥莉回答说："是，也不是。"

聚光灯下，她大方地迎着台下众多审视的目光："我爸有很多地方值得我去学习，但是我应该要超越他！"

这番话赢得了在场所有人的掌声，也包括宗庆后。

此时的宗馥莉初露峥嵘，表现出了与父亲那代人不同的思考和行动方式。她更直接坦率，更注重结果而非过程，这种区别体现在种种细节里，很多人都能轻易看出。

最明显的例子是两代人如何处理公共关系。

多年前，宗庆后在市场竞争中所向无敌，一切以自己的节奏为主，但在面对政府的某些办事流程时，他还是会放慢节奏去适应，从南京质检事件到企业改制都是如此。但宗馥莉不同。当企业的事情在政府审批那里遇到瓶颈，给出的理由是领导不在或者外出开会时，她会继续追问下属为什么不能用电邮联系、用传真汇报，为什么不能让领导在外地继续处理。宗馥莉并不会想太多，她只是单纯地认为，既然大家都觉得这件事紧急而有必要，领导就应该会用更好的办法来达到共同目的，而不能耽误下来。除了时代跃迁产生的文化差异外，她的思维代表了21世纪国际化视角下成长起来的中国企业家，而宗庆后的思维方式则更多属于 20 世纪。

宗馥莉对外如此，对内则锋芒更劲。初进娃哈哈时，她并不太喜欢"家文化"，而是将过多的人情味判定为娃哈哈前进途中背负的包袱。她认为，企业想要有所改变，就不能过多宽容，否则就是对组织和员工的不负责。那时，宗馥莉手下的员工会因为完不成任务而被解除合同，赔偿照给，但人别在这儿干了，很难有讲人情的余地。而宗庆后经常会将一些被开除的员工重新带回企业，并善意地对女儿给出建议。

宗庆后说，西方的制度是刚性的，员工必须服从，这没有错。但娃哈哈是中国企业，中国人讲人情味是传统，对员工的管理既要严厉也要关爱，这对企业整体更有利。

随着年龄增长，宗馥莉越来越认真地思考这些话，管理风格也在中和，变得更贴近现实。她不再是"眼里揉不得沙子"的年轻人，而是趋于稳重的企业领导者。从"职业经理人"而非"女儿"的角色出发，她越来越容易理解宗庆后过去的管理理念和做法，开始认同"家文化"的特殊价值，也接受了不引进外部职业经理人、不上市的原则。她说："这个家不是家族的家，而是大家的家。"她明白娃哈哈已经是每个员工都能享受股权激励的"家"，引进外部力量也就很容易变成伤害而非激励。

在女儿建议下，宗庆后也开始有意识进行改变，例如调整供应商的合同，和研究院合作开发产品，进行市场调研，等等。宗馥莉代表着"80后"一代，她的很多想法，也代表着娃哈哈最初那代消费者的感受。

看到宗馥莉的成熟，宗庆后感到高兴，也隐约感到自己正在老去。尤其在和达能艰难对垒并最终取胜后，他更希望看见一个合适的接班人出现。然而，对于如此依赖核心领导者的企业而言，想要确定接班人并非易事。这个人除了有极强的综合能力，有勤奋习惯与敬业态度，还要有让众人心甘情愿追随的个人魅力。从更大的商业竞争角度看，只有当经销商、消费者能在这个人身上看见宗庆后的影子，才会最大程度地保留对"娃哈哈"品牌的信任与喜爱。

很长一段时间里，宗庆后从未明确表达宗馥莉就是那个人。谈到女儿接班的可能时，他总是顾左右而言他。他并不担心女儿的能力，但他知道自己将人生与娃哈哈紧密联系在一起，将企业家价值的实现作为幸福感的必要内容，他不确定女儿是否应该如此。

出于一个父亲而非董事长的内心愿望，宗庆后为企业接班形态选择了两种模式：或者是管理团队接班，宗馥莉只需要当大股东；或者是宗馥莉亲自领导团队，成为真正的接班人。在不少场合，宗庆后都表示了对上述两种模式的并存倾向，他也确实为此犹豫不决。他对女儿说："随便你，接班或不接班。"

但宗馥莉不可能随便。她在娃哈哈工作年限逐渐增加，越来越多的员工将她称为"娃哈哈第二勤奋的人"。因为她和父亲一样，每天很早就会工作，下班却从不会定时，经常工作到深夜。

2007 年，宗馥莉的努力促使她向新角色迈出关键一步。她成为宏胜饮料集团的董事长，这家企业是娃哈哈的关联公司，负责为娃哈哈制造产品。每年，娃哈哈数百亿元销售额的产品质量是否确保稳定，成本是否确保集约，是否能不断开拓产品在市场上的利润空间和创新前景，宗馥莉的表现在其中至关重要。如果她交出了足够分量的成绩单，无疑通过了"试用"，让她接手整个集团就会有更强的说服力。即便做得不够好，也不会影响娃哈哈整体运行。

宗馥莉入主宏胜时，手上只有一条饮料灌装线。整个宏胜的成长几乎都是宗馥莉一手开拓的，从和政府谈判拿地到采购生产线、安装调试设备、生产产品等，宗庆后完全不去干涉她做什么、怎样做，他只是扮演下订货单的角色，"解决了"宏胜的销售问题，而剩下的问题全部是宗馥莉要自行完成的答卷。当她掌管这里后，她将自己的企业定位为食品饮料行业的全产业链产品及服务提供商。随着定位的提升，宏胜的业务范围逐步扩大到上下游，包括设备制造、原料配料研发、印刷包装、物流和营销等，这一切都围绕着饮料生产而运转，企业规模随之不断扩大。

　　在管理上，宗馥莉独有的风格被宏胜所有人接受和习惯，大家都知道，她说话很快，直奔主题，不会绕弯子、留台阶，干脆直接是她说话的常态。也有人在她身上看见宗庆后的影子，因为她总是赶回公司餐厅吃饭，不喜欢留在社交场合和人们寒暄客套。尽管她的社会职务越来越多，但社会活动依然很少，用宗馥莉自己的话来说："我想保持自己的一个空间。"

　　宗馥莉为自己创造了空间，也为宏胜创造了良好的业绩。从 2009年到 2012 年，宏胜集团年营业收入增长率超过 30%。到 2012 年，该集团年营业收入超过 120 亿元。正是这一年，宏胜的财务结算开始独立于娃哈哈集团之外。毕竟，这家企业已在全国拥有了 20 个生产基地、40多家子公司，其中绝大多数员工都没有在娃哈哈工作的经历，换而言之，她亲手打造了一支新的精锐之师。

　　当宗馥莉越来越具有掌控大局的风范，人们谈论她时，也就更多提到宏胜而非娃哈哈。就像拿到子女优异成绩单的父母那样，宗庆后为此感到骄傲。

　　到 2015 年，宗庆后已是七旬老人，在平常人的一生里，这段夕阳时光是最值得珍惜的。但他无法坐拥平淡的晚年，他过往所经历、创造和拥有的一切，正带来全新的斗争。这场斗争非常重要，关系到娃哈哈的走向，也关系到女儿的事业，宗庆后必须取得胜利。

第十章

# 努力无止境，晚年再启程

　　宗庆后是"40 后"。创业前二十年，他的产品面向"80 后""90 后"。 到 2009 年时，"00 后"已开始进入消费群体，面对这些孙辈年龄的客户，宗庆后会在不断推出新产品之外，对娃哈哈作何调整，引发了时人的关注。

# 品类隐忧，创新步伐放缓（2006—2010）

再杰出的企业家，也会遭遇事业低谷时期。这是市场充分竞争带来的必然局面。在漫长的发展"雪道"上，宗庆后亲手捏造的娃哈哈"雪球"，并不总是在不断增大。相反，它曾经历了从膨胀到缩小再到停滞不前的过程，而且时间长达十年。这十年里，有人揪心关切，也有人冷嘲热讽，两者的共同关切点包含了重要的疑问：宗庆后究竟是不是老了？

疑问开始于2006年。从那时直到2012年，"雪球"还是在不断增长，但缺乏足够的新亮点。

娃哈哈以频繁推出新产品而知名。最初，新产品是为了平衡消费季节变化和产能需求。在饮料消费并不普遍的时代，消费旺季和淡季的差别很大，娃哈哈有固定的生产设备，不能眼睁睁看着旺季忙死、淡季闲死。于是，宗庆后在合并"杭罐"的早期就开发出八宝粥，后来又有了非常可乐、营养快线，以此填平产能需求的低谷，也保证了经销渠道一年四季都有娃哈哈的产品可卖。

渐渐地，推出新品的意义更多向维护渠道利益角度倾斜。"联销体"内的经销商选择新品进货、铺货，就像是一场稳赚不输的赌博。如果选对了，产品大卖，经销商能赚得盆满钵满。如果没选对，风险也被经销商下游的各个环节分摊，其自身可谓毫发无伤。新品或者能帮助经销商实现利润的增长，或者间接实现对库存老产品的带动。鉴于娃哈哈对"联销体"的重视，宗庆后必须不断采用这种方法，让渠道上的每个环节有所收获。

于是，在2005年推出营养快线后，娃哈哈继续主动出击，2006年又推出两个新产品，分别是"爽歪歪"和"非常咖啡可乐"。前者是面向儿童群体的益生菌高档含乳饮料，而后者则宣传"融合了咖啡的浪漫与可乐的激情"，销售对象是城市年轻白领。两者均被宗庆后寄予厚望。

"爽歪歪"的名字虽然颇为怪异，但从产品造型到口味都很受小朋友欢迎，很快就以迅捷势头进军城市儿童饮品阵地。但非常咖啡可乐的势头就不太妙了。这款产品的广告投放力度很大，在上市初期发挥了重要作用，掀起不少地区的抢购热潮。在东北的一些大卖场，它的单品销量超过了可口可乐、百事可乐的任何单品，而在上海、杭州的一些便利店里，这款产品竟然脱销了。但好景不长，短短两年后，非常咖啡可乐的表现尽显疲态。愿意享受咖啡的人并不一定爱可乐，而畅饮可乐的人可能并无品尝咖啡的闲情雅致。彼时，将咖啡当成日常"口粮"的年轻消费者群体并不庞大，连即饮咖啡产品的发展都相当缓慢，这最终让看似独一无二的非常咖啡可乐陷入了尴尬的处境，最终草草消失。

推出非常咖啡可乐，并非宗庆后的心血来潮。在最初的计划里，这款产品是攻守兼备的。在2006年，可口可乐推出了咖啡碳酸饮料Coca-Cola Blak，既然娃哈哈以非常可乐展开了与"两乐"的正面对抗，此时必须有力跟进。同时，非常可乐的销量虽不错，但在城市市场的表现却远逊于"两乐"，宗庆后希望以咖啡口味作为新的突破口，找到"农村包围城市"的新路子。

这个计划失败了，但失败者名单上有长长的一串，连Coca-Cola Blak这款产品也无法获得消费者足够的满意度，也在上市两年后停产。此后，日本企业三得利也做了尝试，想要打造新的碳酸咖啡饮料，同样没有取得多少成绩。

表面上看，非常咖啡可乐的遭遇是独立的，但它隐约传递出足以引起重视的信号：娃哈哈推出新产品的进程遭遇了瓶颈。

此前，娃哈哈不断推出新产品，或者是主动创新如营养液、果奶，或者是被动跟进如 AD 钙奶（对标乐百氏的钙奶）、营养快线（对标小洋人的果乳），也有兼具主动与被动的非常可乐。除了这些成功案例外，更多的新产品没有全面引爆市场。

虽然凭借"联销体"这样的强大网络，哪怕只是昙花一现的饮料新品，也能轻松销售上亿元。问题是，娃哈哈能始终依靠这些"一阵风"的新产品来维护渠道、延伸品牌价值吗？在今天来看，答案是否定的。但宗庆后并未及时调转航向，他继续指导娃哈哈推出类似"咖啡可乐"的系列新产品。

2007 年，呦呦奶咖、呦呦奶茶推出，此时香飘飘炒热了"奶茶饮料"概念，为了追随进入新的垂直品类市场，娃哈哈投入大量资源到两款新品里，但其表现依然不足，仅仅在市场上掀起了一小股风潮就销声匿迹了。

同年，娃哈哈又推出了思慕 C 饮料，这是一款面向女性减肥美体需求的果乳饮料。但在旺销的营养快线面前，它的表现显得更像是单纯的时尚潮流，无论在哪方面的概念传递都不够突出，连非常咖啡可乐、呦呦奶咖都无法比拟，仅仅是引发了一阵讨论就消失在茫茫市场。

2008 年，娃哈哈在银行的存款越来越多，推出新产品的投入也越来越大气。Hello C 和啤儿茶爽成为典型代表。Hello C 又是一款跟进类型的产品，对标养生堂推出的水溶 C100。由于娃哈哈继续采用狂轰滥炸式的广告宣传，一度让很多消费者将水溶 C100 当成了跟进产品。这样的投入迅速取得了回报，Hello C 在推出次年就获得了 10 亿元的销售业绩，将对手抛在了后面。但到了次年，娃哈哈不善于培养城市白领消费群体的短板再次暴露，在一、二线城市，Hello C 被水溶 C100 反超。相反，在对手涉足不深的农村市场，Hello C 至今仍占据不错的地位。

2009 年夏初，伴随一句"你 OUT"了，啤儿茶爽让广大消费者从电视荧屏上认识了新的饮料品类，可以称之为"茶、啤酒风味"饮料。

这款饮料将天然新鲜绿茶、芳香乌龙茶萃取后，再融合优质的香浓麦芽，采用了先进灌装技术，定位目标是不应饮酒但想要喝啤酒的消费群体，例如中小学生和司机。

广告打响后的一个月左右，产品销售形势令人乐观。然而，无论中小学还是司机，都并非积极寻求新体验的消费群体。啤儿茶爽的 4 元定价，以及难以被人们接受的口味，都成了产品生命线延续下去的阻碍。当盛夏饮料销售旺季到来时，啤儿茶爽被茶饮料、果汁饮料、果乳饮料等成熟品类彻底压垮。这年夏天还没结束时，它就开始了特价促销以清理库存，很快走向市场边缘。

到 2010 年，外界对娃哈哈的产品推广加以梳理，传出了一些建议的声音。有媒体在消费者中进行了调查询问，发现他们对娃哈哈的产品主线产生了疑惑感，很多人即便购买了娃哈哈的产品，也只是随意地消费冲动。相反，竞争对手在渠道上打不过娃哈哈，就利用推出新品来直接争夺和培养消费者。

这些声音，宗庆后并非完全没有听进去。但他只是船长，并不是船本身。他亲手创造的驾驶模式，导致娃哈哈必须继续保持对新品的高淘汰率。

从生产环节看，由于饮料生产线具有很强的通用性，一旦到了旺季，水饮、茶饮的生产压力增大，各家分厂自然不会愿意生产那些小众饮料。即便其销量能上亿，但这个数字在娃哈哈还是远远不够。从营销渠道看，娃哈哈各省经理也对推新品的博弈过程感到不安。作为省级营销负责人，一旦没有选中主流产品，而是选择了新品中的弱者，就意味着第二年获得的集团支持将大大减少，他们又要选择其他新品来弥补销售额差距，否则就会出现非常难看的营销成绩。

从 2006 年到 2010 年，娃哈哈始终没有诞生持续畅销的新品。这为后来的业绩大滑坡埋下了隐忧。此时，宗庆后既忙于和达能划清关系，也忙于扩大娃哈哈王国的版图，但他并非对危险毫无察觉，在诸多应对措施中，他将重点放到了"联销体"的调整上。

## 扩大版图，调整"联销体"

宗庆后是"40后"。创业前二十年，他的产品面向"80后""90后"。到2009年时，"00后"已开始进入消费群体，面对这些孙辈年龄的客户，宗庆后会在不断推出新产品之外，对娃哈哈作何调整，引发了时人的关注。

此时的宗庆后，既有暮年革新的勇气，也有随时转动舵盘的实力。得益于AD钙奶、纯净水和营养快线的长袖善舞，娃哈哈2007年的营业额超过250亿元，2008年则突破了300亿元大关。央视主持人在采访他时特意算了笔账，娃哈哈的营业额相当于每个中国人贡献了25元，这是相当惊人的数字。

娃哈哈确实很有钱。成立以来，企业没有一分钱贷款，赚到的钱都放在自家的银行账户里。在和达能打官司时，宗庆后有底气表示，娃哈哈的存款能养活所有员工到退休。随着和达能的彻底割席，他大可以投入资金、放手去干两件事：扩大生产规模和调整营销网络。

众所周知，规模经济是企业竞争优势的重要来源。对娃哈哈的规模增长，宗庆后既看重数量，也在意质量。

从1994年西进涪陵之后，宗庆后花费了14年时间在全国布局生产力。到2008年时，娃哈哈已有120多个生产基地，均匀分布在全国各省。其数量不仅超过了康师傅、统一，也远超可口可乐、百事可乐。娃哈哈所有新增的生产基地，都是在产品的主要销售区域直接设立，确保配送范围在 500 公里以内。娃哈哈的生产链至此奠定版图。

娃哈哈本质上属于生产制造型企业，其生产设备的性能水平既决定产品质量，也决定生产效率。为确保一流品质，宗庆后不惜血本，不断引进来自欧美的各类先进设备如反渗透设备、注塑机、制盖机等。2008 年，除了深陷与达能纠纷的困扰，娃哈哈还在经历世界金融危机对中国市场的冲击，但宗庆后还是批准了 60 多亿元，在全国各地新建 90 多条全新的生产线。

单从财务角度分析，斥巨资引进这些机器增加了短期的成本，看上去并无必要。但随着时间拉长，这些新机器塑造出了全环节的生产模式，带来更高的生产效率，大大压缩了单位成本。只要娃哈哈能不断推出新品，不断"创造"出新的市场需求，就能坐拥总成本最低优势。

在扩张过程中，宗庆后将标准化复制看成法宝。那时，娃哈哈就拥有了成熟而详细的"工厂模板"。集团下属的工厂内部布局是标准化的，即便是不同的工厂，建设不同的生产线，但设计布局的标准都完全一样，只要是熟悉娃哈哈的人，进入其位于任何区域的工厂，不用问路就能找到更衣室、消毒室、生产线。此外，娃哈哈还拥有生产模具、改造生产线的能力，这使得其生产线标准化也很强，同一条生产线只要改换配件，就能生产数种甚至数十种饮料产品。

在人员方面，娃哈哈也实现了标准化配置。娃哈哈旗下每增加一个生产基地，宗庆后就会任命一位经理去掌管那里的日常事务，辅助经理的团队则由总部综合调配人员而来，包括品控、工程、质检、财务和行政等不同类型人才。这些人按岗位标准合成为领导班子，各自迅速融入角色，形成团队合力，共同完成宗庆后分配的生产目标。

在全方位的标准化下，2009 年的娃哈哈已能在八个月时间内就确保一个基地从建设到投产，并能在同一时间内建设多个生产基地。他们自己设计布局、规划进度、施工安装，最多的时候，有 200 多人同时安装 30 多条生产线。[1]

扩大生产规模的同时，宗庆后也开启了营销渠道的调整。他在娃哈哈职工大会上这样说："得渠道者得天下，娃哈哈通过'联销体'牢牢地掌控了饮料行业的渠道。但王牌也需要根据形势进行更新和调整，否则最后只会成为死牌。"[2]不久后，他就对"联销体"进行了大刀阔斧的改革。

"联销体"早已远非 1994 年的规模可比。2007 年，在这张庞大的网络上，包括了 40 多家省级销售分公司、4000 多家遍布全国的一级经销商、3 万多家二级和三级批发商以及 500 万个销售终端的节点。宗庆后就像辛勤的织网工，多年如一日精心编织这张营销网。娃哈哈代言明星王力宏分享过一件小事，他的朋友们去西藏自治区旅游，回来后表示，在中国平均海拔最高的那曲市，他们见到了牦牛、草地，还有印着王力宏照片的娃哈哈矿泉水瓶子。那是当地牧民唯一能喝到的饮料。

但宗庆后习惯了居安思危，原有的"联销体"是否能不断适应新的竞争态势？宗庆后不愿将希望寄托在盲目的肯定回答上。他的担忧也不无道理，除了老产品销量下滑，新产品又未能跟上的隐忧外，经销商过分压库存、价差体系不稳定等因素都可能会制约娃哈哈的增长。

为了提前应对，宗庆后决心开创第二套"联销体"。2009 年下半年，他着手进行渠道调整。一部分原来处于"联销体"中层的二级批发商获得晋升，他们能直接代理娃哈哈的一部分产品。于是，"联销体"在原有的三级渠道之外，又形成了一套二级渠道。娃哈哈的经销商总数在短短半年内激增，从 4000 多家增长到上万家。

为了避免损害大经销商的利益，引发渠道内的普遍反感，宗庆后

[1]鄱爱其著.宗庆后 笃行者[M].北京：机械工业出版社,2019：104.

[2]谢东著.宗庆后内部讲话：关键时,宗庆后说了什么[M].北京：新世界出版社,2014：147.

制定了折中政策：原有一级经销商开发成熟的产品不在调整范围内，他们手中销量不佳而不愿继续做的产品，作为蛋糕的一部分切给新晋经销商。在原有的三级结构里，一些产品的利润空间难以吸引经销商，但新经销商处于二级结构里，由于距离娃哈哈更近，获利空间反而更有扩大希望，他们的参与积极性也更高。

除了提拔优质的二级批发商，宗庆后还不断招兵买马，收纳新的二级批发商。到 2009 年时，二级和三级批发商的数量整体翻倍，达到 4 万多家，这让宗庆后手中有更多棋子部署到市场中，进一步和竞争者掰手腕。

借助对营销体系的调整，宗庆后将娃哈哈的营销渠道挖得更深，也减少了一级渠道商的总占比，释放出新的获利空间来吸引加盟者。

在宗庆后一系列部署下，娃哈哈的营销额继续增长。2009 年站上436 亿元，摆脱达能后，2010 年达到了 550 亿元，2011 年跨到 678 亿元。虽然增速在不断放缓，但从绝对数字上看，仍然在不断迈上新台阶。宗庆后的权威如日中天，他宣称，娃哈哈即将攀登千亿元的梦想新高峰。

## 难走的多元化赛道

宗庆后提出千亿元的梦想，与他对多元化赛道的关注有密切联系。

从始至终，宗庆后都是坚定的长期主义者。他不一定在乎某段时间内的成本或利润高低，但他希望娃哈哈能成为中国的可口可乐，能跨越世纪风雨，成就百年品牌。为此，他也不断尝试突破既有的业务边界，寻求新的发展空间。

早在 2002 年时，宗庆后就进入了童装产业。面对这个和饮料迥然不同的全新领域，宗庆后并非盲目杀入，而是进行了深入的调查分析。

宗庆后认为，国内童装产业正处于"散、小、低"的状态，即资本分散、企业规模小、消费标准低，一如当年的儿童保健行业那样，缺乏行业领军企业。反观娃哈哈，第一桶金来自儿童消费者，品牌形象非常适合，拥有强大的销售网络，手握直通人心的广告渠道，这都是向国内童装产业进军的优势。

经过积极筹划，宗庆后选定了香港达利国际集团，他看中了这家香港老牌服装企业的历史沉淀，与其合资建立了杭州娃哈哈童装有限公司。宗庆后兴奋地为这家新公司描绘了蓝图，要在全国开设 2000 家娃哈哈童装专卖店，年销售收入总量达到 10 亿元。

听说娃哈哈要做童装，很多经销商冲着宗庆后的名气来了。用宗庆后的话说："他们服装也没看到，店也没看到，就把钱打过来了。

这就是我们十几年经营取得的信誉。"[1]

隔行如隔山，不同行业都有自身的特定规律。能做好饮料的"联销体"，并不一定就能做好服装。尽管宗庆后亲自挑选原料、把控质量，但随着产品推向市场后，很多连他也没有想到的问题出现了。

儿童身体成长有时会很快，客观上造成童装使用寿命短，如果"被迫"更换两三百元一套的童装，消费者当然会感到心疼。"联销体"的优势阵地在农村市场，和饮料不同，农村消费者对童装购买频次并不高，购买时也希望价格尽量实惠，这就造成娃哈哈童装品种虽然齐全，质量上佳，但获利远远不如饮料。

由于经营理念的差异，加上利润上升缓慢，2002 年底，达利集团就推出了娃哈哈童装有限公司。宗庆后却并没有放弃，经过打理，到2004 年底，全国共计开设了 400 家娃哈哈童装专卖店，累计销售收入3.66 亿元。如果是普通的童装企业，这个成绩也算不错了，但与娃哈哈投入的成本、当初的目标对比，还有很大差距。但无论如何，多元化发展的第一步迈出了。

不久后，宗庆后又成立了娃哈哈卡倩娜日化用品有限公司，将多元化经营战略继续。2005 年 7 月，他将这两方面业务交给了宗馥莉管理。尽管跨行业发展之路不算顺利，但宗庆后还是不断有新的战略构想。更重要的是，娃哈哈有了上百亿元的存款，足够适当投入新领域。2011年 1 月，宗庆后正式对外宣布娃哈哈开启了多元化战略。他看中的下一个目标是婴儿奶粉领域，按其构想，在 2010—2011 年内，娃哈哈自有的"爱迪生牌奶粉"销售额要达到 10 万吨规模，三年后冲入位列国内市场所有奶粉品牌前列。

宗庆后做奶粉的初衷，与挑战"两乐"颇为相似。2008 年前后，

---

[1] 吴玲著. 宗庆后：有一种人生叫"大器晚成"[M]. 北京：台海出版社，2016：210.

国内婴儿配方奶粉领域鲜有出色的国产奶粉，有消费能力的人群几乎都选择了洋奶粉，这让宗庆后感到不安，也看到机会。从 2008 年开始，他就率领专家考察团四处走访，一年多时间走遍了 20 多个乳业发达的国家和地区。经过综合评判比较，宗庆后将荷兰斐仕兰公司选为合作伙伴。这家公司有着百年历史，还有荷兰唯一的"皇家"称号，其工艺流程严谨科学，管理系统智能全面，让宗庆后刮目相看。经过谈判，该公司成为娃哈哈的代工厂家，为娃哈哈贴牌生产"爱迪生奶粉"。在宗庆后看来，这是一种新的中外合作模式，既然当时流行中国企业为外国品牌代工生产，为什么不能反向输出，让外国企业为中国品牌代工生产？他没有预料到，这为爱迪生奶粉遭到市场诟病埋下了隐忧。

其实，宗庆后没有过多纠结奶粉究竟是中是洋，他最初只想生产一款好奶粉。爱迪生奶粉生产的每个环节、工序，都被电脑精密监督，自动记录在案，还会经历长达六周的检测程序。除了在质量上严格把关外，娃哈哈还专门针对中国婴幼儿体质和营养特点，为爱迪生奶粉设计了配方。

宗庆后为这款奶粉倾注心血，也提出了豪迈的目标，想要第一年销售额就冲击 100 亿元。他将奶粉的单价定在 248~268 元之间，直接比肩国际一线奶粉品牌，根本不考虑将伊利、雅士利、圣元这些国产品牌作为竞争对手。

宗庆后对爱迪生奶粉寄予充分期望，但产品在 2010 年上市后，销量却无法令人满意。国内奶粉企业本以为"狼来了"，最终却发现是虚惊一场。奶粉和饮料不同，饮料属于快速消耗品，而奶粉的选择与购买有更内在的逻辑，每种价格层级的奶粉品牌背后，都有与之相配套的育儿知识、售前服务、售后服务等逻辑，而无论宗庆后还是娃哈哈，都欠缺建立相关逻辑的经验，更不必说"联销体"的专长在于饮料营销了。上市四五年后，爱迪生奶粉始终进不了市场前列品牌，市场占有率也是少得可怜，最终黯然消退。

一波未平，一波又起。奶粉之战尚未结束时，宗庆后又将零售行业作为新的进军对象。2012 年上半年，娃哈哈联合部分经销商，以集资参股的方式成立了娃哈哈商业股份有限公司，主要投资"娃欧商场"项目。

娃欧商场的定位是国际精品百货为主的连锁百货零售商业体，当年 11 月，杭州钱江新城尊宝大厦诞生了第一家娃欧商场，建筑面积共计 3.5 万平方米，分为地下一层和地上四层、商场内有不少来自欧洲的一线二线奢侈品品牌，包括服装、鞋子、箱包、钟表、化妆品等，花样繁多、种类齐全。其中不少品牌此前从未进军中国，都是他亲自赶赴欧洲多个城市深入考察调研，才亲自签下来的。

在宗庆后的设想中，娃哈哈会在五年时间内将精品商场推向全国，要开 100 家分店，覆盖一线到四线城市，并在五年内实现商业公司上市的目标。可惜，这次的多元化梦想又破碎了。宗庆后描绘的远景并未实现。开业一年半后，商场经营惨淡、持续亏损，逐渐成为弃子，最终以撤场告终。

童装、日化、奶粉、零售……没有一次努力取得的成就能比得上起家的饮料产业，这让宗庆后很不甘心。他重视很多因素，但唯独可能忽略了自己：他从未了解和购买奢侈品，对童装和奶粉消费的了解也仅限于二十年前，至于家庭生活消费，他全都听夫人的。在娃哈哈这种讲究集权化的企业里，领导者个人的知识空白，很可能变成企业寻求多元化成功的最大阻碍。

宗庆后不信邪，反而再次选择了陌生的产品。他一生滴酒不沾，但将多元化的令旗指向了白酒产业。2013 年，娃哈哈斥资 150 亿元进军白酒行业，由宗庆后亲自主管，推出以茅台镇为原产地的"领酱国酒"。

这并非娃哈哈初次接触白酒行业。早在兼并涪陵百花潞酒厂后，娃哈哈就尝试着推出过本地特色的白酒，2004 年还和酒企六福传出过"绯闻"，但事情都无疾而终。但此一时，彼一时，能拿得出 150 亿元的娃哈哈，自然已非当年可比。在宗庆后看来，绝对有能力，在多元化赛道上投下新的筹码。

但市场自有其规律。2018 年，再度传来对宗庆后不利的消息，"领酱国酒"被河北华林集团收购，而此时的娃哈哈，早已陷入业绩衰退的低谷。

# 在低谷，未老去

知青十五载，宗庆后做过无数梦。哪怕再荒诞无稽，他也不会梦见自己站到中国首富的领奖台上。但 2010 年时，他做到了，而且做到了三次。凭借娃哈哈的股权，宗庆后在 2010 年、2012 年和 2013 年先后成为《福布斯》中国首富。

宗庆后对"首富"这个新身份并不关心，他表示财富对自己只是个数字，体现了人生价值，仅此而已。年近七旬的他，依旧忙碌于日常工作，保持着俭朴的生活方式和快速的行事节奏。

人们本以为宗庆后会指引娃哈哈迎风飞翔，但娃哈哈的业绩却由此开始了一路下坠，从 2013 年的 782.8 亿元掉落到 2017 年的 464.5 亿元，画出这条陡峭的曲线，只花了四年时间，相当于直接回到了 2009 年。

不解的声音从四面八方传来：娃哈哈究竟怎么了？宗庆后是不是真的老了？

其实，最先老去的不是企业家，也不是企业，而是消费者和产品。2017 年是娃哈哈成立 30 周年。有研究者在惊讶娃哈哈衰退速度之余，列出一份"娃哈哈 30 周年荣誉清单"。

八宝粥：1992 年上市，累计热销 154 亿罐，产值 356 亿元。
纯净水：1996 年上市，累计热销 783 亿瓶，产值 597 亿元。
AD 钙奶：1996 年上市，累计热销 480 亿瓶，产值 336 亿元。

营养快线：2005年上市，累计热销504亿瓶，产值超过1200亿元。

爽歪歪：2006年上市，累计热销444亿瓶，产值486亿元。

上述五大拳头产品，最老的八宝粥已诞生了25年，最新的爽歪歪也诞生了11年。当初下课时捧着AD钙奶的小学生，此时是"奔四"年纪。而曾经指定电视机广告，奶声奶气向父母索要"爽歪歪"的孩童，此时也早就是篮球场上帅气阳光的大学生。

新的饮料消费者在哪里？很遗憾，他们的消费需求发生了变化，这种变化的烈度，早就超过了改变市场环境的阈值。不仅是饮料，几乎每类细分快消品的消费者心态都在发生变化，他们对产品的要求变得丰富起来。

真正让饮料消费者愿意买单的，并不是看似大同小异的质量，也不是广告宣传的功能。在铺天盖地的电商网络销售面前，甚至市场终端铺货率的重要性也有所下降。孩子们开始关注品牌代表了怎样的生活方式，塑造了何种的身份标签。简而言之，过去的饮料消费者更关心"我能喝到什么"，2014年的消费者开始关心"喝什么，才是我"。

在娃哈哈五大拳头产品对应的消费人群里，"00后"是重要主力。但令人遗憾的是，此时的娃哈哈企业没有"00后"，宗庆后身边也没有"00后"。他不再是当年那个在校园里上班的经理了，他不可能离开工作岗位，离开家庭环境，去真正了解2014年的小学生、中学生在感受什么，在想什么。当这位无可取代的娃哈哈核心人物发现上述问题时，日历已然翻到了2017年。

尤为不幸的是，在这几年里，娃哈哈再次遭遇了堪比"南京事件"和"北青报事件"的舆论意外，性质更恶劣，问题更严重。这一次，娃哈哈没有战胜"对手"。

2014年，互联网上突然兴起一个话题：将营养快线饮料晒干后，会残留"胶状物"，这到底是什么？

有人说，这是工业明胶，属于非法添加。也有人说，这是用了塑料，必定有毒有害。随着谣言以讹传讹，干脆有人说营养快线是用破旧皮鞋做的，甚至是用安全套做的……

不同版本的谣言绘声绘色，还配上了视频，它们从不为人知的阴暗角落兴起，迅速传播到全国。

娃哈哈在第一时间展开辟谣，他们向网友解释说，营养快线里含有蛋白质、果糖、乳糖，确实会在晒干后形成胶状物，这属于正常的凝胶现象，并没有什么特别。此外，和其他含乳饮料相同，营养快线使用了增稠剂，但完全符合国家食品添加剂使用标准。诸如非法添加，更是彻头彻尾的谣言。

无论娃哈哈如何解释，谣言已通过网络渠道深入千家万户。在那个年代，人们对互联网谣言的分辨能力相对低下，更没有后来"让子弹多飞一会儿"的耐心。很快，营养快线的年销量从 4 亿箱降到了 1.5 亿箱。相比于 2014 年的 153.6 亿元营销额，2016 年只拿到 84.2 亿元，风光多年的成绩近乎腰斩。

遗憾的是，虽然娃哈哈采取了合法行动，但始终没有找到谣言的源头在哪里。是饮料业界同行，还是跨产业而来的乳制品企业，是想要收购营养快线品牌的外资企业，或者仅仅是一个闲到无聊的普通网民？宗庆后大惑不解，他过去的经验在互联网传媒面前难以发挥作用，只能感叹："娃哈哈被网络谣言坑惨了。"

对互联网谣言的厌恶，间接加剧了宗庆后对互联网电商的偏见。早前，他就是"电商反对派"的代表人物，曾多次公开发表言论，认为电商平台再强大也无法击垮娃哈哈的"联销体"。2016 年，电商阵营盟主马云在云栖大会提出"五新理论"，即"新零售、新制造、新金融、新技术和新资源"，全国电商为之兴奋不已。但几个月之后，宗庆后在央视财经论坛上公开评论说："除了新技术，其他都是胡说八道！他本身不是从事实体经济的，能制造什么东西？"

在宗庆后看来，"五新理论"靠不住，互联网电商也靠不住。身边人不止一次地面对他就电商提出的问题：为什么宣传说产品质量没有变，东西还是那个东西，但消费者购买到手的价格却低了那么多？

没有人就这个问题给出让宗庆后满意的回答。但娃哈哈产品销量在不断被崛起的电商渠道吞食。在瓶装水市场，娃哈哈的排名从第四跌落到第六，市场份额从 2015 年的 6.7% 下滑到 2018 年的 5.9%。

宗庆后排斥电商的时间只有短短数年，但对他的竞争对手而言，这个窗口期已足够了。越来越多的企业推出会议用水、后厨用水、一次性桶装水、低钠婴儿水等垂直品类，通过线上营销渠道找到精准用户进行销售。茶饮、健康饮品的赛道上，也同样挤满了朝电商渠道走去的参赛者。

2018 年至 2020 年，娃哈哈的年营业收入始终徘徊在 400 多亿元区间。到 2020 年的 439.8 亿元，已经跌到十年间的最低水平。如果用普通眼光衡量，这个数字能稳定已相当不错，但距离宗庆后十年前提出的年营收 1000 亿元目标，正在变得越来越远。

原来的拳头产品受挫，新产品又迟迟走不出明星。娃哈哈的危机全面暴露。甚至在宗庆后引以为荣的乡镇市场，娃哈哈的销量也开始下降。随着问题逐渐严重，从 2017 年开始，宗庆后开启转向。当年他在参加第十九届中国企业家两会沙龙时公开表态，说自己没有把实体经济和互联网对立起来，和马云关系也很好。随后，娃哈哈也开始线上营销，进军电商。与此同时，马云则向实体经济布局，将"盒马鲜生"开遍全国，入股多家线下零售商超集团。

无论是实体经济还是互联网经济，并没有高低优劣之分。企业既然处于移动互联网时代，就要将两者取长补短，对自身商业模式加以革新。宗庆后虽然依旧不用微信，依旧不会网上购物，但在事实阻力面前，他终将选择改变。以此背负带领娃哈哈走出低谷的重任。

## 下个十年，娃哈哈会更好

烈士暮年，壮心不已。无论面对怎样的低谷，宗庆后都信心满满。他有宗馥莉在身边，有始终跟随和支持的下属团队，还有无形的品牌价值和有形的数百亿元存款……因此，即便有媒体写出"娃哈哈已失去了十年"这样耸人听闻的标题，但宗庆后还是怀着坚定信心，要带娃哈哈走向更好的下一个十年。

2018 年，女儿请缨出任集团品牌公关部部长，负责"娃哈哈"品牌营销工作。宗庆后立即批准。他意识到，随着原有消费者和产品的老去，"娃哈哈"品牌也变老了，无法跟上新一代消费者的心理需求，品牌年轻化势在必行。宗馥莉就是带领娃哈哈踏上品牌征程，丰富和革新品牌内涵的最好人选。

此时的宗馥莉对企业、行业乃至整个中国市场特点都有更深入的了解。她提出，娃哈哈在成长，环境的不确定性也在增长，传统的线性思维模式难以应对。过往的经验积累很可能由于环境变化而被清零，企业如果想谋求图为，就必须在看似纷繁复杂的变化中，找到不变的根基。

宗馥莉认为，这个根基就是特定时代里的人。更准确地说，是"Z世代"。

"Z世代"是网络流行词语，宗庆后大概率是从女儿口中听说了这个名词，毕竟他从不上网，连智能手机也是很迟才使用。这个新名词对应从1995年到2009年出生的一代人，他们出生就和互联网信息技术对接，受到全方位的数字信息技术影响。

宗馥莉说，"Z世代"的消费行为有三大趋势，即想要从拥有更多到拥有更好，从物理高价到心理溢价，从功能满足到情感满足。[1]娃哈哈这样的大品牌，要围绕这些趋势，形成品牌人格，再跨越原有圈层，打造品牌社交圈。如此，才能为"Z世代"创造价值，和他们不断沟通。

和父亲一样，宗馥莉更看重行动而非理论。上任初始，她就做出了令人意外的决定，撤换娃哈哈形象代言人王力宏。

消息传出，舆论哗然。从1998年开始，王力宏经宗庆后"钦点"为娃哈哈纯净水代言人，此后20多年里未曾变动，个人形象与产品品牌紧密绑定。宗馥莉没有顾及这些，考虑到企业未来的发展，果断将娃哈哈的代言人换成1990年出生的许光汉。

无论事实如何，娃哈哈想要走向新的十年，就要有新的产品形象，要有新的引路人，这一切都是为了和消费者建立价值认同、语言同频和情感共鸣，而这正是宗馥莉为之努力奋斗的方向。在她的影响下，从2018年开始，原本"人到中年"的娃哈哈突然变得年轻起来。以AD钙奶为例，娃哈哈先后推出了钙奶味的月饼、粽子，"空降"Bilibili网站盛典，推出了AD钙奶系列校服，等等。这些既是为了唤起老用户的童心，也是引发"Z世代"对老品牌的新认同。

对营养快线形象的革新也同步开始。2018年11月22日，宗庆后少见地发了一条新浪微博，"谁动了我的营养快线"。他专门@了女儿宗馥莉，还附加上了"锤头"和"托腮"表情。熟悉他的员工都知道，从2011年被新浪网"推销"注册了微博之后，宗庆后只发过67条微博，只有这条使用了@功能和表情包。当人们看向手机屏幕的下半部分时，

[1]杭州娃哈哈集团有限公司官方账号.履职娃哈哈品牌公关部部长三年，宗馥莉再斩一营销大奖〔EB/OL〕.(2020-12-06)〔2025-01-03〕.https://www.sohu.com/a/436612289_120817237.

才发现实际上是娃哈哈宣布推出了限量版营养快线。这款产品使用了绿色、粉色两组色系，再辅以明亮的黄色搭配，运用水拓画方式，整体设计大胆前卫，和娃哈哈以往产品包装有很大区别。这也直接改变了宗庆后一贯严肃沉闷的微博风格。

虽然改变来得有些迟，但毕竟到来了。消费者也给予了认可。在2018年中秋节推出的 AD 钙奶味月饼，以 0 元价格上架娃哈哈天猫旗舰店，限量 1500 份，不到 1 分钟就全部售罄。为了赢得更多年轻消费者的心，2020 年，娃哈哈又向圈层经济领域突破，推出了市面首款"盲水"，一些用户甚至在二手平台转卖"盲水"的稀缺包装，相互置换商标、收集口味，把潮玩圈层文化带入产品消费过程中。这一年，娃哈哈还成为英雄联盟职业联赛 LPL 的官方合作伙伴，与赛事官方推出联名苏打水，并举办了娃哈哈苏打水英雄联盟城市挑战赛。

在渠道方面，宗庆后彻底改变了他对电商的偏见。这种改变先表现在个人态度上，再表现为企业的战略布局。2020 年初，宗庆后公开承认，线上与线下渠道是相互依赖的，要结合起来。随即表示要打造四个垂直领域的电商平台，分别是保健品电商品牌、食品饮料电商销售渠道、跨境电商平台以及专门为年轻消费者交流、分享、购物准备的"哈宝游乐园"。

在他宣布上述决定后，集团旗下迅速出现了娃哈哈数字科技有限公司、娃哈哈电子商务有限公司、娃哈哈宏振跨境电子商务有限公司等子公司。短短几个月内，从宣布拥抱互联网，到成立独立电商公司，再到打造垂直平台，娃哈哈的电商化进程出人意料的快。

随后，宗庆后人生中的第一场直播带货顺理成章地到来了。2020年 10 月，他进行了一场三小时的直播，观看人数超过 107 万，全场点赞数 527 万。

向线上发展并不是娃哈哈唯一的转型。2019 年 3 月，娃哈哈就成立了浙江娃哈哈智能机器人有限公司，其领域是智能机器人、机器设备和零部件的研发制造，外界揣测这很可能是为娃哈哈智能化生产设备制造服务的。2021 年 7 月，76 岁的宗庆后通过资格认定，领取到基金从业资格证，其旗下的浙江娃哈哈创业投资有限公司也完成了基金管理人的备案登记。外界不免联想到，娃哈哈是否要向金融投资领域进军……

在父女俩的带领下，娃哈哈三军用命，逐步走出颓势。从 2021 年到 2023 年，娃哈哈实现营业收入分别为 519.15 亿元、512.02 亿元、500 亿元。2024 年 11 月 7 日，在第一次没有宗庆后的娃哈哈集团全国销售工作总结大会上，宗馥莉宣布全年营收 700 亿元。时隔 11 年，娃哈哈重回业绩巅峰。

无论是女儿还是企业，都没有辜负老父亲的期望。人们愿意祝福并相信，未来的娃哈哈，未来的宗馥莉，都会越来越好。

第十一章

# 一生诠释，优秀企业家精神

　　2023 年 2 月，宗庆后参加央视财经《对话》节目。主持人问：
"年轻人们'熬着最深的夜，用着最贵的化妆品'，做大健康领域的
娃哈哈，会不会也针对市场需求，做'最贵的保健品'？"宗庆后给
出坚定回答："我不是资本家，我是企业家。"

# 想永远工作

一个人生命中的最大幸运，不是含着金汤匙出生，也不是中年发财升官，而是在最适合的时代，发现了自己的使命。创办娃哈哈是宗庆后的使命，将之经营好，再顺利地交给下一代，也是他的使命。

在宗庆后陪同娃哈哈走过的 37 个春秋里，他朝乾夕惕，如履薄冰，只为不辱内心那份沉甸甸的使命。

他说："我这一生就办了这一个企业，一生的事业就是这个事业，所以我很珍惜它。"在别人眼中，娃哈哈是他除了女儿外的另一个孩子。但在宗庆后心里，娃哈哈不是客体，而是自我，它是自己生命历程的化身，是自己曾存在于人世的证明，也是外界认识自己的钥匙。当一个人对事业的看法上升到如此境界，就会无比珍爱事业，想要永远工作。工作成为他满足自我的精神需求，而不是为了应对生活的压力和缓解外界的约束。

了解宗庆后对工作的投入程度，要从他的办公室开始。不外出时，宗庆后会在每天早上 7 点准时走进办公室。办公桌前，会有一堆文件等他批复。他会在这里工作到晚上乃至深夜，一日三餐都在公司食堂解决。吃饭时，普通员工吃什么，他就吃什么，员工们用餐半小时，他十五分钟就能结束。因为办公室里除了有等待他权衡和决定的事情，还有他给自己布置的工作任务：平均两三天，他就要亲笔写一份销售通报，发给各地市场。

办公室的一角，总是摆放着简易床。有时候，宗庆后实在太困了，就会在这里小睡，等精神养足了，再起身继续工作。床下是几双布鞋，床头有两三个拉杆箱，他随时能穿上布鞋，提起拉杆箱上路，也随时可能结束出差状态，深夜回到办公室，在简易床上休息到天明继续工作。三十余年间，他在清泰街 160 号三楼的办公室里进进出出，这种高频度的工作节奏始终未曾改变，他就是这样建立并治理着娃哈哈王国。

在办公桌后的书架上，摆放着娃哈哈的饮料样品，样品后，有一排地图册，除了各省、自治区、直辖市的地图之外，还有《高速公路及路网详查》《高速公路及城乡公路地图集》等专业书籍。随手翻开，更是令人吃惊，在每一页地图上，道路、河流、村镇……都有宗庆后不同颜色的笔记标注。每标注一次，就代表着他的足迹曾经到过那里。而这样的标注，早已遍布全国，甚至包括青藏高原。

宗庆后很早就到过拉萨。他看见那里到处有娃哈哈的产品，员工们为此而开心，觉得"联销体"的能力真棒。宗庆后却开始详细了解当地情况，他发现由于没有铁路运输，娃哈哈纯净水只能靠汽车运进拉萨，有时候一个月都到不了货。宗庆后便萌发了建厂的想法，以此降低物流成本，缓解拉萨市场的供需矛盾。果不其然，随着生产厂家的建设成功，娃哈哈在拉萨的市场占有率占到第一。

宗庆后不仅到拉萨考察，还爬到了海拔 5000 多米的藏区。他遭遇了严重的高原反应，头疼气喘、脸色苍白，直到翻过山向下走，才慢慢恢复。这让一向健康的他担心起来，在藏区的几天都没敢洗澡。

宗庆后信奉"市场是跑出来的"，这是他每年有二百天在出差的底层逻辑。"跑市场"并不是简单地看看销售终端、看看产品销量，而是有自成一体的跑法。每到一处，他通常会先去拜访当地政府部门和广告商，再召开分公司或经销商会议，之后则是走街串巷，看那些市井民众怎样生活，和路上随处能遇到的普通人聊天。通过不同形式、多层次的沟通，宗庆后会建立起对每个地方的立体印象。例如不同城市的营商环境如何，经济发展水平怎样，政府扶持产业的态度情况；又如什么牌子的饮料卖得好，消费者会在什么情况下买，对价格的敏感程度，等等。有时候，他能从这样的沟通中得到惊喜和启发。曾经有老大妈对他说饮料不错但瓶子太小了，娃哈哈随后就推出了大瓶版饮料。而拳头产品营养快线，也同样是跑市场聊天中得到的灵感。

宗庆后出差必须有严格的时间表，确保一天能跑多个地方，完成多个目标，不能浪费时间。这让随行人员压力很大。但更大的压力还来自宗庆后的感觉，这种感觉无疑是建立在他丰富的市场营销经验上。很多时候，为了能更贴近真实情况，他会临时改变计划，从更偏远的地方走。有一次，他早上八点从重庆出发，如果走高速，不到四个小时就能抵达成都。但宗庆后告诉司机，绕开高速公路，从国道走。这一路上，他拜访了很多小店，从乡镇小路旁的杂货店，到县城中心位置的超市，宗庆后随时会停下车，走进店里看批号、听价格，询问销售情况。跟大家聊聊天，看看产品价格，问问销售情况，再走进仓库，翻库存产品的批号。批号是最能反映产品在当地销售情况的证明，如果卖得快，批号就比较新，反之批号就比较老。通过了解价格和观察批号，宗庆后就能从细节中发现问题，敏感地捕捉到不同地区市场传递出的信号。他就是这样一次次地"舍近求远"，全面了解中国的饮料市场，再回到办公室里制定产品的营销决策。

除了跑市场，宗庆后还会跑生产。有一次他去娃哈哈徐州分厂，航班晚点两个小时，宗庆后没有吃午饭就按照之前的日程进了生产车间。在生产线前，他敏锐地发现灌装产品的溢流过多，于是叫住生产线主管，面对面地指出这种现象会造成消耗增加，还会让瓶口残留的果汁霉变，要求立即整改。过了一会儿，他又发现套标不整齐，立刻对操作人员指出注重橡皮条的对称。这次简短的现场调研指导，让徐州分厂的员工们对宗庆后留下了深刻印象，大家本以为他这样的大领导已是高高在上，谁也没有想到他比任何人都了解生产操作细节问题。

宗庆后缺乏业余生活。多年来，他在工作间隙的时间，会用一款老式的便携 DVD 看看国产历史剧、军事剧，这是他最大的娱乐爱好。

他不打高尔夫，不买游艇，不养赛马，不收藏字画，不接触明星名媛，不参加与企业经营无关的酒会宴会，甚至不去风景名胜地度假。有一次，他参加电视台节目访谈，地点就在西湖畔饮茶谈心。节目录完了，宗庆后感慨地说，自己在杭州活了大半辈子，没想到原来坐在这里喝茶这么舒服。主持人和记者都愣住了，没人相信，杭州城里的中国"首富"，却没有在西湖畔喝过茶。

直到晚年，宗庆后确诊肺癌并经历手术治疗时，依然坚持工作。2024年1月6日，他躺在病床上一边吸氧，一边和高管商量公司的事情。有人问他，为什么不安排其他人代劳。宗庆后说，公司就像自己的小孩，放心不下。来人环顾病房，才发现这里安装了打印机，还有许多文件。[1]即使在生命的最后期间，宗庆后仍然保持着奋斗者的本色，正是对工作的热爱，造就了娃哈哈，也造就了他自己。

当然，热爱工作的人很多，迷失其中者也不少，有人同样热爱工作，最后背负上沉重的枷锁，成为工作的奴隶。但宗庆后却从未如此，无论在生命的任何节点，他回首追溯这份热爱的想法源头，都始终清晰可辨："做有用的事。"

[1]蒋子文. 浙江媒体披露: 宗庆后住院期间仍在办公, 曾表示放心不下公司[EB/OL]. (2024-2-25) [2025-01-04]. https://www.thepaper.cn/newsDetail_forward_26460682?commTag=true.

## 奉行实用主义

宗庆后一度反对电商，很多人以为他是年纪大了，缺乏学习移动互联网的积极意愿，其实这才是纯粹的偏见。

早在20世纪90年代就出国的宗庆后，到晚年时足迹早已遍布全球，他很早就了解到互联网经济的运作模式，也能在很短时间内深入了解某个行业，无论是行业地位、学习能力和创新意识都不弱于任何年轻企业家，更是在同龄人中领袖群伦。如果说他确实反对过电商，那也只有一个主要原因：他是奉行实用主义的企业家。宗庆后既认为实体经济特别是制造业是立国富民的根本，也并不认为互联网电商与之对立，他之所以不断大声疾呼双方建立彼此相互依赖的生态关系，更多是希望全社会从中获得可持续发展的实用价值。

宗庆后从不讳言对实用的崇尚，更难能可贵的是，他将此变成了个人信仰，贯穿在家庭、生活、事业等人生层面，与不少言行分离、公私相悖的人形成了鲜明的对比。

在企业管理上，宗庆后选择了最为实用的集权制。凡是不能为企业贡献价值的环节，不要说安排人员，连岗位都不必设置。从创立开始，娃哈哈就在实质推行扁平化结构，企业只有四个层级，总经理、部级、科级和员工，企业的所有大权集中在"总经理办公室"，而这个办公室的20多人都是服务和辅佐他个人的，实现了"请示不隔夜"的效率，这显然为企业带来了强大的快速反应能力。除此之外，偌大的娃哈哈集团没有董事会，也没有决策委员会，在 2016 年之前，既不设副总经理岗位，也不搞"事业部制"，连总监都没有。

宗庆后并非嗜好权力。他认为，尽量减少领导到基层的中间环节，对企业的良好运行更有实用价值。相反，他也见过不少企业，几个副总分成了几个派系，从中层干部以降，人人都在忙于选边站队，钩心斗角，相互挖墙脚。与其如此，不如选择由自己来担当大任，其他所有人只需跟随的权力分配方式。

宗庆后的人才观也同样实用。他自信有精准的眼光去识别和起用人才，也有足够的财力和渠道，但无论是从企业内部选拔，还是向社会公开招聘，他招揽的人才都要发挥明确的作用，即能立刻安排到各具体领域的关键岗位上，为己所用，让他们担任分身与棋子。

从娃哈哈合并"杭罐"开始，宗庆后就定下规矩，凡是企业择优录取的新进大学生，必须到最艰苦的工作岗位锻炼至少三个月。只有经历了这样的折腾，才能确定为有用的人才。为此，他向每个大学生许下诺言，只要你是人才，只要你拥有一技之长还想尽情发挥，娃哈哈就会为你提供最优裕的条件、最宽松的环境，让你去充分发挥，实现人生的理想抱负。但是，你必须先放下思想和言行上的"架子"，要先证明自己是有用的。这样的证明过程，就是下厂去劳动，去熟悉生产或者销售过程的各个工序和环节，否则只有学历、理论，就难以发挥实际用处。

类似的"有用"理念，遍布宗庆后对娃哈哈多年如一日的管理历史，最著名的成功案例就是"联销体"。有些人以为"联销体"仅仅是范围特别广、资金回收特别快，认为这是宗庆后善于织网、善于控制企业成本。但他们忽视了"联销体"为绝大多数经销商贡献的实用价值，多年来，"联销体"里经销商的年度净利润率能达到 5% ~ 6%，远高于许多同行能给经销商带去的利益，宗庆后不是靠空头承诺才织出的大网，而是用真实的利益回报，将成千上万经销商捆绑成利益共同体，其中蕴含的实用主义哲学，唯有真正熟知商业规律和人性奥秘的智者才能掌握门径。

在产品营销上，宗庆后也引入了实用至上的风格。宗庆后虽然文笔过人，但口头表达非其所长。他接受过很多采访，从未滔滔不绝地说出豪言壮语，话总是不多。但他将短板变成了长处，总是能贡献出简单明了、一针见血的营销广告语。他为儿童营养液设计的广告语是"喝了娃哈哈，吃饭就是香"，贴近每个普通家庭的生活，在最短时间内就被无数孩子和父母记住了。后来，诸如"妈妈我要喝，娃哈哈果奶""有喜事当然非常可乐"等广告词，尽管并非出自他手，但也带有明显的宗氏表达痕迹。这些广告词以功能诉求为主，词语平实到位，以万千消费者喜闻乐见的方式，广泛传唱在城乡巷陌，流行于平常百姓家，共同创造出中国家喻户晓的饮料品牌。

利用电视广告来宣传产品，是宗庆后对娃哈哈营销工作采取的重要措施。为了打响产品，他可以一掷千金，却不会忘记务实原则。2001年后，随着城镇市场的稳定，宗庆后加大了对各地省级卫视广告的投放，也进入了央视广告"标王"的争夺。但面对当时最为热门的《新闻联播》后5秒标版的争夺战，娃哈哈表现尤为低调，宗庆后没有去冲击"标王"，因为他认为《天气预报》后15秒的时间段更符合产品形象，更能发挥营销作用。后来的事情证明，宗庆后的实用主义再次取得胜利，而很多一度拿下央视广告"标王"的企业，今天只留下穿越时空的叹息声。

宗庆后重视管理，重视营销广告，但对"企业咨询""战略规划"这些都不看好。他觉得，很多调查报告都缺乏客观性，即便有些咨询方案听上去很有用，但操作起来要花费大量时间和资源，等有结果了，外部竞争环境也早就变了，还不如自己的直觉判断准确。事实上，娃哈哈多次选择的"农村包围城市"战略，也确实来自他在农村生活多年的亲身历练和深厚感情，用宗庆后的自己的话说，"不是那些整天研究数据的办公室白领所能理解的"。

在和达能合作后，宗庆后也曾想过改变。1998年，他曾向达能建议响应国家号召，进军中国西部市场。达能高管一听到"对口支援"等词语，认定了赚不到钱，对企业没好处，断然拒绝了建议。宗庆后由此认识到，外国资本也好，人才也好，他们对中国国情下的市场了解是有限的，中国企业家不用过分推崇他们，而是要注重适合。只有实用价值高的外国因素才是好的，能够"拿来主义"，求他的则未必好用，他也不感兴趣。

　　宗庆后是企业家，尊重市场规律、重视降本增效，是企业家的良心所在。他对实用主义的推崇，让他多年如一日地捍卫行业内的成本领先位置，建构了企业优势，使娃哈哈不仅在中国软饮料行业位居领先，也跻身世界同行前列。站在今天的观察角度看，宗氏实用主义逻辑固然有其不足之处，例如眼光不够长远、过于依赖领导者个人能力等，也在很大程度上造成了娃哈哈曾经的业绩衰退。但在那个年代的中国经济大舞台上，正是这面被宗庆后高高举起的精神旗帜，引领全体娃哈哈人创造了奇迹。

## "我不是资本家"

2023 年 2 月，宗庆后参加央视财经《对话》节目。主持人问："年轻人们'熬着最深的夜，用着最贵的化妆品'，做大健康领域的娃哈哈，会不会也针对市场需求，做'最贵的保健品'？"宗庆后给出坚定回答："我不是资本家，我是企业家。"

言为心声。此时的宗庆后距离生命终点只有一年时光，他的这句回答，没有矫饰，也无须煽情。从创业的第一天开始，他就在心底对资本家和企业家有了明确分野，从此坚守企业家本色，始终走在既定的责任轨道上，不偏不倚，中正平和。

在娃哈哈，"核心"的意思就是宗庆后，企业运转离不开他的智慧、精神和毅力，但他发挥的能量远不止此。为了企业，宗庆后经常会做出令人意外的事情。早期，他经常会为了解决细节问题亲自动手，诸如小到会议的横幅歪了，饮料罐上的包装不齐整，购买涂料时办公室墙壁的面积测量不准确，他都会一一解决调整，将事情办得妥妥帖帖。

有一次，宗庆后带队检查分公司，发现生产八宝粥的车间温度很高，工人们在高温环境下操作会非常难受。手下的管理团队说已经查了几次，都没查出原因，宗庆后认定是通风设备出问题了。他走到车间外，自己顺着云梯爬到了房顶上。跟在他身后的中层干部目瞪口呆，只能跟着陆续爬上去。

那是十来米高的车间房顶，和普通住宅的三层楼同等高。当时正是最热的季节，这个年过六旬的"中国首富"，在房顶上带着管理团队转了一个钟头，确定好通风设备的安装方案，才带着满身汗水和疲惫爬了下来。工人们在地下远远地看着这些领导，没有看到资本家天生敲骨吸髓的狠劲，只看到企业家多年如一日爱集体如家庭、爱工人如子弟的热情。

宗庆后对工作的热爱、对角色的坚守，与他的财富多少无关。他不是为了钱而活着，更不是为了资本而努力。早年间，他在农场搬砖、种茶叶，到晚上还要开展劳动竞赛，为的就是不服输、争口气。这样的性格基因在娃哈哈创始人的角色行动里不断放大，就幻化乃至神化为企业家的角色，而不是为了账面上的资本运作服务。

宗庆后有一个著名的理论，叫"要让员工怕你，但不能让他们恨你"。这个理论可以从崭新的角度去诠释他如何看待企业家和资本家的差异。当企业家能够不顾自身安危，不要休闲娱乐，一年 365 天都在岗位上努力付出，员工就会由敬佩而心生敬畏，再由敬畏变成统一协调的团队，奔赴商业战场无怨无悔地赢得竞争。因为他们怕的不是企业家宣布开除他们——事实上，宗庆后可以随意更换他人岗位，但从未开除过人——他们怕自己在企业家角色前暴露出自私、懦弱、无能乃至渺小的缺点。这就是为什么早期的宗庆后会因为员工工作失误发火、骂人，但到了后期，他坦承自己不用说重话，只要看一眼下属，对方就会明白自己错了。

但当企业家完全蜕变成资本家，甚至变成资本的努力后，一切都改变了。资本家更多考虑如何压榨员工的时间和价值，却不考虑自己如何为员工付出。员工看穿了其中的奥秘，并冠之以"套路"的称谓，对他的敬畏就会逐渐减少直到荡然无存。

敬畏是需要差距的。人和人固然有差距，但当下属无法判断和上级的差距在哪时，就会在心底失去对领导者的敬佩，只会在表面唯唯诺诺于其手中的权力。这个权力的唯一来源，就是可以掌控员工前途生死的资本。领导者频繁运用这个权力，会让员工产生被剥夺的无力感，这就是恨意的萌芽。

在被员工怕和被员工恨之间，宗庆后明智地选择了前者。他用强大到令人生畏的自律能力，终生保持企业家的原色，而不是变成资本家。

平时的宗庆后并不可怕。他将自己看成企业家，所以将员工看成自家人，日常总是注重以人为本，拉近与员工的感情，调动员工的积极性。他虽然独掌大权，却并不冷漠。在集团总部，员工们经常能在电梯里碰到宗庆后，他会主动和员工打招呼，问他们去几楼，还会帮他们按下电梯按钮。但为了企业，宗庆后也有翻脸不认人的一面。

1988 年，正值娃哈哈建厂初期，儿童营养液突飞猛进，包装用的玻璃安瓿瓶需求量不断增加。为帮儿子创业，宗庆后的父亲联系了一家供货单位，专门供应玻璃安瓿瓶。有一次，员工验收运到的安瓿瓶，发现质量不佳，破损率超标，但考虑到宗父的面子，他还是将瓶子收了下来。

宗庆后很快得知，严厉批评了员工，责令退回了这批货。他还当着员工的面对父亲说："企业不是我一个人的，是大家的，我要对大家负责。"有人觉得宗庆后太不近人情，宗庆后说，只要为了企业利益，可以六亲不认。

为了娃哈哈，宗庆后不止一次如此。有一次，有个弟弟想要从银行贷款，希望财大气粗的娃哈哈做担保，但宗庆后并不同意，重申企业从不贷款也不担保。尽管弟弟曾经对此很想不通，但宗庆后认为这是自己为企业定下的原则，不应该加上私人情感。

宗庆后将娃哈哈看成员工的家，将自己看成守护企业的"家长"，与他早年的教育和生活经历分不开，更与他的家国情怀分不开。他说："我是一个普通人，从底层崛起的凡人。幸运的是，我生于一个大时代。"对这样的时代、这样的舞台，宗庆后充满深厚的眷念，这种情感绝非理性到极致的资本家所能具有和表达的。

在全国工商联 2018 年 10 月举行的"改革开放 40 年百名杰出民营企业家"名单新闻发布会上，宗庆后表示，自己要继续奋斗实干，积极反哺社会，为国家经济建设和社会发展、为早日实现中华民族伟大复兴的中国梦做出新的更大贡献。2020 年 7 月 22 日，宗庆后、徐冠巨、南存辉、李书福等六位知名浙商共同倡议秉持爱国情怀，永远听党话、跟党走，将实业兴国、产业报国作为座右铭……

类似这样的表态，在宗庆后的创业历史上多次发生。他不光是发声，也总是在行动。从排除异议西进，积极参与三峡工程移民项目，到高举爱国主义旗帜，打响了"非常可乐"品牌，再到民族企业情怀主导下与达能的对决，都并非宗庆后一时一地的权宜之策，而是他用行动明确了娃哈哈的爱国理念，他固然从中得到了回报，但那也同样是理所应当的。

在历史的记载中，宗庆后不仅代表了成长于 20 世纪 80 年代的中国优秀民营企业家，也浓缩了中国所有优秀民营企业家的个性特征。作为娃哈哈企业的创始人，他所创造的价值能用资本语言描述，但他用心血书写下的优秀企业家精神，却无法用数字计算与衡量。

## 二等座上的老人

2016 年 12 月 22 日上午，高铁 G2365 次列车的二等座车厢里，列车员王婷开始了检票。她走到一位老者面前，接过身份证，下意识地读出了声："宗庆后……"

老者和蔼地接回了证件，没有说话。但前排的老奶奶却接过了话题："小姑娘，这就是娃哈哈的宗总啊！"她又转头对身边的小孙子说："宝，这是宗爷爷，快过去喊爷爷好。"

孩子走到宗庆后身边，奶声奶气地问好。宗庆后慈祥地笑了，逗着孩子说话，然后递给孩子一排 AD 钙奶。这场景温馨而平常，除了周围寥寥数人，谁也没有在意宗庆后，更没有人想到他曾是中国"首富"。

不久后，现场照片被传上互联网，引发了网友关注。娃哈哈集团内部人士向记者表示，宗庆后是从杭州去义乌出差，看到一等座余票不多，就主动提出和工作人员一起坐二等座。平时，他坐飞机出差时都是坐经济舱，坐高铁一二等座都可以，但很少坐商务座。

这并非宗庆后唯一一次在公众场合被认出来。2017 年 3 月 31 日，又有眼尖的网友在武汉天河国际机场拍到宗庆后，他正独自一人拉着行李箱，在机场大厅候机，身边既没有助理也没有家人，在网友看来似乎还有点"落寞"。

照片再次被发到微博上。有人评论说："宗总身家数百亿，年逾古稀，还在坐经济舱拼命跑市场，我们有什么资格不努力？"也有人认真地评价："能自己一个人出门的老板，都是没干过亏心事的！"

无论舆论如何评价，宗庆后多年如一日都如此普通。发财与成名，没有更换他的生活方式，反而让他更理直气壮地保持劳动者的本色。

宗庆后没有私人飞机，虽然他完全买得起也养得起，但他出行全都是为了工作，没有必要"私人化"。他也没有什么高端定制的衣服，除了特殊场合需要穿西服，他平时出门都只套件夹克衫，脚上穿布鞋，得名"布鞋首富"。

有一次，宗庆后带着员工出差，天气突然降温，他去市场买了套19.5 元的内衣。回来试了后，对质量赞不绝口。员工忍不住问他为什么不买套贵点的，宗庆后幽默地说，几十块钱的东西，穿我身上，别人也都以为上千。

宗庆后从不喝酒，也不讲究吃。他喜欢吃的东西是咸菜、豆腐、腐乳，不出差时他一日三餐都在公司食堂吃，出差时也和员工们订相同的盒饭。

有朋友说宗庆后的生活没有质量，他也承认，自己的生活品质还比不上一些员工。但他又说，超过 1000 万元的财富都是社会的，自己来自底层，真的不太会享受，就算硬是过奢侈的生活，也没办法适应。

宗庆后和妻子施幼珍多年居住于杭州东方润园小区，出入低调，甚至开发商在得知这件事之后，还专门用"首富的选择"来为小区做营销。

正是在东方润园，宗庆后遭遇了生平第一次也是唯一一次袭击。

2013 年 9 月 13 日清晨，宗庆后刚走出楼栋电梯，就和 49 岁的杨某迎面相遇。杨某掏出利刃扎伤了宗庆后，导致 68 岁的他手指肌腱断裂。

宗庆后随即被小区保安送到医院救治，很快就出院并恢复工作，而犯罪的杨某也受到了应有的法律处罚。对于有人提出配置保镖的建议，宗庆后断然否决了，他对受伤这件事还颇为不服："如果不是他跑得快，他不一定打得过我。"

消息传出后，人们起初是好奇。除了合法合规的商业竞争外，宗庆后无论在职场工作还是私人生活里都没有仇家，何来持刃行凶的事情呢?

很快，杭州公安机关发布通报，驱散了人们心头上的疑云。根据犯罪嫌疑人杨某交代，他借了3万元来杭州找工作，由于年龄较大，一直没找到工作。因为在电视节目上看到宗庆后热心帮助农民工的访谈，就想到了持刀威胁宗庆后的法子。而看到宗庆后受伤后，他立即弃刀而逃。

真相是否如此，宗庆后并不在意。这次袭击既未改变他的生活方式，也未改变他对慈善事业的投入。他虽然对个人享受没有研究，对公共慈善却有自己的看法："有钱人都是改革开放的受惠者，通过辛勤劳动致富。现在，这个群体需要承担起社会责任，帮助未富裕人群致富。但是，如果光靠救济，人会越救越懒，永远无法脱贫。因此，要给他创造一个致富平台。至于失去劳动能力的弱势群体，则需要给他们一些直接的救济。"[1]

宗庆后就是这样的"有钱人"。通过他日复一日辛勤工作，娃哈哈为员工们分配了数千套商品房，集团内两万多名员工都持有娃哈哈的股份，股份回报率在50%~70%之间，很多员工每年的分红比工资都要高。更不用说遍布全国的经销商，从"联销体"里获得的利润、上交的税款。这是宗庆后为愿意努力的人搭建的长久致富平台，是他作为一个有钱人，向时代和社会给出的答卷。

宗庆后不仅"授人以渔"，也会"授人以鱼"。从1987年承包了校办工厂之后，他就陆陆续续拿钱做慈善，有了下面这段长长的名单:

1991年，宗庆后宣布出资40万元成立娃哈哈红领巾基金会，相当于企业里每个职工出资3000元，支持儿童事业。

---

[1] 吴玲著. 宗庆后：有一种人生叫"大器晚成"[M]. 北京：台海出版社，2016：247.

1992年，娃哈哈集团公司捐款100万元，将上城区劳动路小学改建为娃哈哈小学。

1993年，娃哈哈出资100万元，建立杭州市教师奖励基金。

2000年，杭州市举办"春风行动"，宗庆后先后捐款共计1.246亿元，积极帮助下岗职工和特困家庭。

2007年开始，宗庆后带领娃哈哈集团，先后向中西部地区捐赠援建23所希望小学、100个阳光操场。

2008年汶川大地震，宗庆后捐款捐物价值1500余万元。

2009年，投入1000万元创建"娃哈哈慈善基金会"。

2010年，西南旱灾，捐款850万余元。

2011年，设立"娃哈哈春风助学"专项资金，至今累计捐款1.3亿元。

2013年雅安地震，宗庆后捐赠1000万元。

2020年，宗庆后向武汉捐赠1500万元，以及价值超过800万元的饮用水、八宝粥……

30余年里，宗庆后的慈善捐赠累计达到4.23亿元。人们应该注意到，他并不是成为"首富"才开始做慈善，而是从创业开始就将慈善本色保持终身。

除了参与慈善活动外，宗庆后还没有忘记身为人大代表的义务和责任。他永远记得自己来自普通人，所以要为普通人发声。多年来，他无论多忙，都会如期参与全国人民代表大会会议，积极献言献策。他提出过打击网络谣言、改革落实审批制度、鼓励实体经济发展的建议，也提出过解决"三农"问题、降低高铁票价、推进全民食品安全科普教育、取消汽车限购限行的建议。他不是从政人士，但作为企业家，他对国家和人民有着深切的热爱，每条提议都经过了深入调查和深思熟虑，才郑重提出，足以见证他在古稀之年仍然火热的拳拳之心。

无论财富的数字如何惊艳，无论是否还能走进那间狭小简陋的办公室，宗庆后始终保有人民的本色。他，从未真正离开过。

# 世间再无宗庆后

2024 年 2 月，一则消息牵动了许多人的心：宗庆后住院了。不久后，浙大医学院附属邵逸夫医院宣传部门回应证实了消息。即便如此，在杭州萧山的娃哈哈总部，在庆春路的娃哈哈美食城，工作节奏一如既往地平静，所有人都保持着原有的工作状态。

一年前，宗庆后在参加央视节目时。表示自己有觉悟在做交班的准备。他说自己搞了流程改造，设计了岗位责任制，修改并完善了规章制度。他要确保每个员工知道自己应该干什么、干到什么程度、能得到什么报酬，也要知道什么不能干、干了要负什么责任。

宗庆后说，自己做这些，都是为接班人做好准备。细心的人发现，他的话风变了。60 岁时，如果有人问他什么时候退休，他还会有些不悦。70 岁时，有人问他同样的问题，他会说自己要工作到 90 岁。而现在，没有人问他，他却对交接班的事情如数家珍。或许，他已经对即将到来的谢幕有所预感。

在娃哈哈，不少员工都知道宗庆后的病情，也确实很久没在公司看到过他，但大家都没有往其他方面想。毕竟，仅仅两个月前，宗庆后还在娃哈哈集团全国销售工作总结大会上出现了。那时他没有讲话，但起码看上去是健康的。他与女儿宗馥莉一道为全国卓越经销商、全国优秀客户经理等颁发荣誉，大会还宣布计划支出 1 亿元奖励优秀经销商。

谁也没想到，宗老的谢幕会如此之快。

2月25日上午10时30分，娃哈哈集团创始人、董事长宗庆后在邵逸夫医院逝世，享年79岁。

在娃哈哈发布的讣告上，"中国共产党党员"是宗庆后排在第一位的身份介绍；随后是"全国劳动模范""全国五一劳动奖章获得者""优秀中国特色社会主义事业建设者""改革开放40年百名杰出民营企业家"的荣誉，再往后，则是他担任的全国人民代表大会代表（第十，十一、十二届）和中国共产党浙江省代表大会代表（第十二、十三、十四届）的身份；最后，才是他身为娃哈哈集团创始人和董事长的角色。

讣告宣布了宗庆后的追思时间是2月28日上午，地点位于杭州娃哈哈集团有限公司下沙基地。

这天傍晚，清泰街160号门前突然有了变化。自从2023年末，娃哈哈集团总部搬到新地址后，这里终于沉寂下来，大门紧闭，人员稀少，从未再现过那些年卡车排队等候提货的盛况，三楼办公室的灯光也不再亮起。但今天，院落的门外，突然多出了一排市民自发送来的鲜花。间或还有外卖小哥骑着电动车赶来，将AD钙奶、娃哈哈纯净水等招牌产品送来，他们认真鞠躬后，再将这些见证宗庆后一生荣光的产品轻轻放到鲜花旁。

前来现场缅怀宗庆后的人形形色色。杭州市民冯晶是"90后"，她从小到大经常喝娃哈哈的饮料，当她听说了消息后，她想要来向陪伴童年的品牌致敬，向孕育了这个品牌的长辈告别。另一位市民柯阿姨已年过七旬，住在和娃哈哈总部老大楼一墙之隔的居民楼里。在娃哈哈启程的岁月里，她和老街坊们不止一次地碰见宗庆后，他总是熟练地踩着三轮车，往公司运送营养液原料。柯阿姨说，从自家阳台上能看到娃哈哈的会议室，每个礼拜她都会看见宗庆后带人开会，有时候开到晚上十一二点。

更多人虽然没去清泰街，却在心里缅怀宗庆后，就像缅怀一位老朋友。他们曾在生命的不同阶段与宗庆后相遇，可能是萍水相逢，可能是点头之交，也可能是数年共事，但宗庆后给他们留下的印象是相似的。

美食城三楼是新华影都，多年前，这家电影院生意火爆，有时候甚至要提前排片开映。至今，还是有不少老观众会认准在这里观影。影都的退休员工记得宗庆后。他们说，电影院要感谢娃哈哈集团，这么多年房租涨得少，否则运营上会吃不消。

在美食城一楼的娃哈哈超市，年轻的消费者依然拿着娃哈哈 AD 钙奶结账。在他们身后排队的，是 82 岁的历奶奶。她是附近的居民，知道宗庆后的名字，更熟悉这家超市。从超市开业之初，她就从这儿买东西，朴实的货架，实惠的价格，让她感觉方便而放心。

92 岁的娃哈哈退休员工丁致演面对摄影机镜头落泪了。他擦擦泪说："宗总是非常好的人，我退休时，他亲自来看我，摆酒，请我吃饭，跟我合影……"丁致演亲身经历了宗庆后兼并"杭罐"的那次大会，他对比了那次会议前后的变化，对宗庆后的经营能力依然五体投地。

还有许多人用文字追忆这位老人。2002 年，娃哈哈第一部官方传记《非常营销——娃哈哈：中国最成功的实战教案》诞生，胡宏伟是作者之一。此时，他写下缅怀文章，回忆起数月前最后一次见到宗庆后的场景。那是 2023 年末的一次企业家大会，宗庆后躬身握住这位老相识的手说："我戒烟有段时间了，你觉得我的脸色是不是比以前好？"胡宏伟说，从 1991 年相识以来，这是宗庆后第一次和他主动聊自己，过去几十年，每次见面，他的话题永远都是公司和市场。

2 月 28 日，杭州下起中雨，气温降到 4℃。这一天，清泰街 160 号门前的鲜花和花圈更多了。在下沙园区，追思会并未对社会公众开放，但还是有不少民众自发聚集到门外，只为送宗老最后一程。

9 时 40 许，街道旁的吊唁人流达到近 200 米长，人们打着深色的伞，与或雪白或鲜黄的菊花花圈掩映，在雨中倍添沉重之感。这些人里有娃哈哈的老员工，也有"联销体"里的老成员，还有虽从商但和娃哈哈并无交集的浙江人，更有并不从商也与宗老素昧平生的人。没有人组织号召，但他们不约而同地来到这里，只为表达对宗老的敬重。有人说："真正的企业家，大家都爱，因为大家心里都有一杆秤。"

11时，园区内的追思会上，宗馥莉的致辞还没结束，许多员工就忍不住哭了。园区外，群众久久不愿离去……

雨水渐渐收住，天边挂起一道彩虹。彩虹下，许多人想起宗庆后在 2023 年末发出的最后一封公开信。在信中，他这样叮嘱后人：

"路虽远，行则将至；事虽难，做则必成。我相信，只要有愚公移山的志气、水滴石穿的毅力，脚踏实地，埋头苦干，就一定能够把目标变为美好现实，创造幸福生活的美好画卷！"

## 宗庆后大事记

1945 年　　出生于江苏宿迁。

1949 年　　随家人迁至杭州。

1963 年　　初中毕业后以知青身份，在舟山、绍兴等地农场务农。

1978 年　　回到杭州，进入工农校办纸箱厂，之后在多家校办企业做推销员，销售过电表、电风扇。

1980 年　　与施幼珍成婚。

1987 年　　贷款承包杭州市上城区校办企业经销部。

1989 年　　创建杭州娃哈哈营养食品厂，推出儿童营养液产品，获得巨大成功。

1991 年　　兼并老牌国有企业杭州罐头厂，一时轰动全国。

1994 年　　响应国务院对口支援三峡库区移民工作的号召，投身西部开发，在重庆涪陵成立了首家娃哈哈外地分支企业。同年，创立娃哈哈"联销体"营销模式。

1995 年　　荣获"全国劳动模范"称号。

1996 年　　与达能合资，合资范围包括娃哈哈旗下的 5 家分公司，同时保留其他分公司的独立经营权。

| | |
|---|---|
| 1998 年 | 推出"非常可乐"品牌碳酸饮料。 |
| 2002 年 | 杭州市工业兴市大会上,与其他两位功勋企业家冯根生、鲁冠球各获得杭州市委市政府给予的 300 万元奖励,以表彰他们为杭州工业发展所作出的突出贡献。 |
| 2007 年 | 因娃哈哈遭遇达能强行并购而宣布辞职,引发员工抗议、社会舆论关注。经过国内外一系列诉讼和谈判,娃哈哈重新独立。 |
| 2010 年 | 以 534 亿人民币财富首次登上《福布斯》中国内地首富,又于 2012、2013 年再三登顶中国内地首富。 |
| 2013 年 | 获得中国公益慈善领域中的最高政府奖,由民政部颁发的"中华慈善奖""最具爱心捐献个人"奖。 |
| 2018 年 | 入选由中央统战部、全国工商联共同推荐宣传的"改革开放 40 年百名杰出民营企业家"名单。 |
| 2021 年 | 女儿宗馥莉出任娃哈哈集团副董事长兼总经理,负责企业日常领导工作。 |
| 2024 年 2 月 25 日 | 因病逝世,享年 79 岁。 |

# 参考文献

1.高钫，张晓明著.宗庆后与娃哈哈[M].北京：人民出版社，1994.12.

2.高超著.娃哈哈方法[M].北京：中国工人出版社，2004.11.

3.张玉成著.法律商战——达能娃哈哈国际商战启示录[M].北京：中国政法大学出版社，2012.05.

4.真柏著.宗庆后为什么能[M].杭州：浙江人民出版社，2012.10.

5.谢东著.宗庆后内部讲话：关键时，宗庆后说了什么[M].北京：新世界出版社，2014.04.

6.迟宇宙著.宗庆后：万有引力原理[M].北京：红旗出版社，2015.11.

7.吴玲著.宗庆后：有一种人生叫"大器晚成"[M].北京：台海出版社，2016.01.

8.邬爱其著.宗庆后 笃行者[M].北京：机械工业出版社，2019.01.